TRAUMA

Blucher

TRAUMA

Metapsicologia e clínica de Sigmund Freud

Thais Siqueira

Trauma: metapsicologia e clínica de Sigmund Freud

Editora Edgard Blücher Ltda.

Série Psicanálise Contemporânea
Coordenador da série Flávio Ferraz
Publisher Edgard Blücher
Editor Eduardo Blücher
Coordenador editorial Rafael Fulanetti
Coordenação de produção Andressa Lira
Produção editorial Luana Negraes
Preparação de texto Beatriz J. F. Acencio
Diagramação Negrito Produção Editorial
Revisão de texto Maurício Katayama
Capa Leandro Cunha
Imagem da capa iStockphoto

Blucher

Rua Pedroso Alvarenga, 1245, 4º andar
04531-934 – São Paulo – SP – Brasil
Tel.: 55 11 3078-5366
contato@blucher.com.br
www.blucher.com.br

Segundo o Novo Acordo Ortográfico, conforme 6. ed. do *Vocabulário Ortográfico da Língua Portuguesa*, Academia Brasileira de Letras, julho de 2021.

Dados Internacionais de Catalogação na Publicação (CIP)
Angélica Ilacqua CRB-8/7057

Siqueira, Thais
Trauma : metapsicologia e clínica de Sigmund Freud / Thais Siqueira – São Paulo : Blucher, 2024.
168 p. (Série Psicanálise Contemporânea / coord. de Flávio Ferraz)

Bibliografia
ISBN 978-85-212-2240-8

1. Psicanálise. 2. Freud, Sigmund, 1856-1939. I. Título. II. Ferraz, Flávio. III. Série.

24-3798 CDD 150.195

Índice para catálogo sistemático:
1. Psicanálise

Ao Pedro,
por ser o cais.

Conteúdo

Agradecimentos

O texto deste livro reproduz minha dissertação de mestrado realizada no Programa de Pós-Graduação em Psicologia Clínica da Pontifícia Universidade Católica de São Paulo entre 2020 e 2021. Agradeço ao Programa e ao Conselho Nacional de Desenvolvimento Científico e Tecnológico (CNPq) pelo apoio que viabilizou a realização desta pesquisa.

A Flávio Ferraz, pela escuta e leitura atentas, pelo incentivo à publicação desde os meus primeiros escritos e pela oportunidade de publicar este trabalho.

A Luís Claudio Figueiredo, meu orientador e mestre, pela acolhida, pela generosidade e por seu investimento confiante em meu trabalho, que foi luz nos momentos sombrios e fôlego sempre que necessário.

A Elisa Maria de Ulhôa Cintra e Paulo de Ribeiro Carvalho, pela disponibilidade e gentileza com minhas ideias nas trocas sobre este texto.

Aos amigos, por sorte, inúmeros o bastante para citá-los aqui, dentre os quais preciso destacar Carolina Paixão, Flavia Gleich,

Maira Mamud, Patricia Nogueira Gertel, Ricardo Cavalcante, Rodrigo Figueiredo Mello e Vanessa Chreim, por serem berço e colo das minhas mais importantes aventuras psicanalíticas.

A Patricia Getlinger, companhia viva e verdadeira da mais radical e íntima pesquisa psicanalítica à qual me dedico.

A meus pais, Denise e Siqueira, a quem devo minha determinação e minha fé na vida. Aos meus familiares pelo amor, pela confiança e pela rede firme e certa que representam.

A Pedro e Caetano, pela radicalidade do nosso amar e por me fazerem eu.

A Clarissa Luz, pela primeira revisão deste texto.

A meus pacientes, de onde partem e para onde retornam as mais importantes construções de pensamento. Com quem aprendo tanto, todos os dias.

Estas estórias foram escritas depois da guerra. Por incontáveis anos as armas tinham vertido luto no chão de Moçambique. Estes textos me surgiram entre as margens da mágoa e da esperança. Depois da guerra, pensava eu, restavam apenas cinzas, destroços sem íntimo. Tudo pesando, definitivo e sem reparo.

Hoje sei que não é verdade. Onde restou o homem sobreviveu semente, sonho a engravidar o tempo. Esse sonho se ocultou no mais inacessível de nós, lá onde a violência não podia golpear, lá onde a barbárie não tinha acesso. Em todo este tempo, a terra guardou, inteiras, as suas vozes. Quando se lhes impôs o silêncio elas mudaram de mundo. No escuro permaneceram lunares.

Estas estórias falam desse território onde nos vamos refazendo e vamos molhando de esperança o rosto da chuva, água abensonhada. Desse território onde todo homem é igual, assim: fingindo que está, sonhando que vai, inventando que volta.

Couto (1994/2012)

Prefácio

Luís Claudio Figueiredo

Há na literatura psicanalítica brasileira algumas obras importantes dedicadas à leitura de Freud. Entre elas, ao menos dois monumentos: *Freud: a trama dos conceitos*, de Renato Mezan, e *Freud: o movimento de um pensamento*, de Luiz Roberto Monzani. Ambos foram escritos por filósofos, embora Mezan tenha se desenvolvido posteriormente como psicanalista, e os dois foram apresentados originalmente como trabalhos acadêmicos de pós-graduação na Universidade de São Paulo (USP). As estratégias de leitura desses dois autores são muito diferentes, o que se expressa perfeitamente nos seus títulos, mas ambos representam o que há de melhor nas artes da leitura e da escrita rigorosa tão bem exercitadas no Departamento de Filosofia da USP.

O mestrado de Thais Siqueira, agora transformado em livro, inscreve-se nessa tradição e pode ser medido com a régua alta colocada pelos dois autores mencionados. Contudo, há diferenças importantes a assinalar. Thais Siqueira é psicanalista e foi no Programa de Pós-Graduação em Psicologia Clínica da Pontifícia Universidade Católica de São Paulo (PUC-SP) que obteve seu grau de mestre. O título do presente livro também deixa claro, como foi o caso dos colegas filósofos, o lugar onde estuda e de onde escreve e, principalmente, para onde se dirige. Trata-se, efetivamente, de uma peça acadêmica que se dirige para fora da academia, para a clínica, e se trata de um mestrado que se dirige diretamente ao prosseguimento do trabalho em nível de doutorado (o que já está ocorrendo, diga-se de passagem). As artes da leitura e da escrita de Thais, no meu entender, não ficam devendo em nada aos modelos de trabalho gerados na Filosofia da USP, mas os lugares da autora e os endereçamentos de seu mestrado dão a este livro uma originalidade notável.

A leitura precisa e inteligente com que Thais Siqueira percorre longitudinalmente a obra freudiana, acompanhada por uma seleta, mas extensa, lista de comentadores de Freud e praticantes da psicanálise, parte de questões da clínica e, especialmente, da clínica dita contemporânea. Na verdade, essa "clínica contemporânea" não deixa de ser a clínica psicanalítica freudiana suplementada pelas intervenções decisivas de Sándor Ferenczi – ou seja, estamos lidando com o "contemporâneo permanente" da psicanálise, se é que me permitem o oxímoro. Cita-se sempre a *boutade* de André Green, que, perguntado sobre o que havia de novo em psicanálise, respondeu: "Freud". Acho que a resposta mais correta seria "Freud e Ferenczi". Melhor ainda: "não só Freud como, em vez dele, Ferenczi".

O livro de Thais Siqueira dedica-se a ler Freud a partir de uma questão que estava presente em Freud desde sempre, mas recebeu de Ferenczi uma suplementação original e transformadora: a questão do trauma. Indo além, Thais é também leitora de um psicanalista versado na leitura rigorosa – e filosófica – de Freud (um verdadeiro "freudólogo") que trouxe a questão do trauma para o centro de suas elaborações mais pessoais e inovadoras: Jean Laplanche.

Foi nessa complexa conjuntura teórico-clínica – na qual se encontram e se desencontram Freud, Ferenczi e Laplanche – que Thais Siqueira percorreu cinquenta anos da obra de Sigmund Freud: manteve um olho atento e extremamente perspicaz para os textos freudianos e, simultaneamente, os ouvidos abertos para outras vozes, em especial as vozes de Ferenczi e Laplanche, entre muitas outras, e tudo isso no ambiente da clínica – uma caixa de ressonância – e de suas experiências pessoais como praticante da psicanálise.

O resultado é este livro, uma pequena joia de apuro na pesquisa e na comunicação e, ao mesmo tempo, de grande pertinência às preocupações da psicanálise atual. É notável que, como diz o título, a dimensão metapsicológica esteja sempre intrincada à problemática clínica e que a questão da sexualidade e do traumático estejam continuamente presentes sem que uma desbanque a outra, mas se cruzando e se interpenetrando.

A todas essas virtudes se soma uma escrita elegante, comunicativa, primando pela exatidão conceitual e pela clareza.

Com seu mestrado, a jovem Thais Siqueira ingressa com todas as honras na melhor seleção brasileira de autores no campo da psicanálise, ocupando seu lugar em ótimas companhias.

Trauma: metapsicologia e clínica de Sigmund Freud é um livro que merece ser lido, estudado e fruído por leitores exigentes e inteligentes.

Introdução

Viena, 9 de dezembro de 1899

IX., Berggasse 19

Querido Wilhelm,

. . .

É possível que eu tenha logrado êxito, recentemente, em ter um primeiro vislumbre de uma coisa nova. O problema que me confronta é o da "escolha da neurose". Quando é que uma pessoa fica histérica, em vez de paranoide? Em minha primeira tentativa grosseira, feita numa época em que eu ainda estava tentando tomar a cidadela à força, achei que isso dependia da idade em que ocorria o trauma sexual – da idade da pessoa na época da experiência. Disso, desisti há muito tempo; mas fiquei então sem nenhuma pista até poucos dias atrás, quando vi uma ligação com a teoria sexual.[1]

1 Masson, J. M. (Org.). (1986). *A correspondência completa de Sigmund Freud para Wilhelm Fliess (1887-1904)*. Imago. p. 391.

Mais de um século depois dessa célebre carta, a psicanálise segue às voltas com os desafios que ocupavam Freud, magistralmente enunciados neste simples parágrafo: escolha da neurose, trauma sexual, temporalidade e teoria da sexualidade. Muito se avançou na própria obra freudiana e em diferentes correntes teóricas que tentam, com muito empenho, "tomar essa cidadela" na seara psicopatológica. Tal conquista, necessariamente parcial, avança e retrocede no desenvolvimento de uma teoria que pretende tecer redes simbólicas acerca do que a clínica nos revela cotidianamente. Nossas experiências, por vezes, lançam-nos aquém ou além da teoria, pressionando o edifício teórico a alargar seus alicerces, acrescentar andares e, por consequência, rever suas fundações.[2]

Se pudéssemos brincar com a metáfora proposta, imaginar a psicanálise como um edifício, não seria difícil considerá-lo um patrimônio arquitetônico com características bastante peculiares. A primeira delas, que merece destaque, refere-se ao fato de que estaríamos diante de uma construção infinitamente inacabada. O trabalho de restauro que ela exigiria não chegaria ao fim, estaríamos diante de um edifício vivo e em constante alteração. Isso porque cada nova experiência humana exigiria um reparo e, antes mesmo de finalizá-lo, outras experiências exigiriam mais trabalho. Algo próximo ao trabalho que a vida nos exige, com experiências que, com frequência, excedem nossas condições de simbolizá-las e nos fazem seguir (na melhor das hipóteses) construindo e reparando, sempre correndo um tanto atrás de algo que jamais se alcança plenamente. Essa exigência ininterrupta de trabalho psíquico se relaciona intimamente com nosso objeto privilegiado de investigação – o trauma psíquico, que teremos a oportunidade de acompanhar detidamente ao longo deste livro.

---

2 Fragmentos do texto aqui apresentado foram publicados por mim na *Revista Constructo de Psicanálise*, n. 4, sob o título "Trabalhando o (não) enigma da psicose com Jean Laplanche" (2019).

No entanto, supomos que nada disso seja surpreendente a vocês, leitores. Afinal, caso já tenham tido algum contato com a obra de Sigmund Freud, certamente já notaram como nosso mestre avança e retrocede ao longo de todos os seus textos, retornando aos anteriores e fazendo reparos que, por vezes, modificam consideravelmente o que estava sendo proposto anteriormente. E, para aqueles que elegeram este trabalho como sua primeira via de contato com as palavras de Freud, a pequena citação que escolhemos para abrir nossa aventura já demonstra o traço freudiano que estamos sublinhando e ao qual daremos destaque ao longo de nosso caminho. A partir de novas descobertas, Freud retorna às suas formulações já consolidadas anteriormente, questionando-as e, sem temor – ao menos aparente –, as contradiz, as critica e, quando necessário, as reformula. Assim, deixa um legado aos que vieram depois, como um convite para que os interessados se proponham ao exercício da psicanálise e, assim como ele, possam fazer quantos reparos sejam necessários para alcançar suas próprias experiências.

Mas não nos apressemos! Façamos desde já o exercício de retornar a Freud, pouco a pouco, em busca dos movimentos de seu pensamento em torno do nosso tema de interesse: o campo do traumático. Tema que carrega consigo necessariamente os outros termos destacados na carta para Fliess: escolha da neurose, temporalidade e teoria da sexualidade. E talvez não seja exagerado afirmar que o conceito psicanalítico de trauma psíquico e as teorizações em torno das quais ele foi desenvolvido formam um dos campos que mais exigiram de Freud reformulações, reparos e ressalvas.

Alguns anos antes da primeira carta apresentada, lemos, em outra carta de Freud – não menos célebre do que a primeira, destinada ao mesmo amigo alemão –, uma tentativa de esquematizar o que virá a ser chamado de aparelho psíquico. Nessa carta, datada de 6 de dezembro de 1896 (carta 52), Freud esboça um esquema do aparelho psíquico dividido em diferentes partes, cada uma caracterizada por uma forma particular de registrar uma experiência. Seu objetivo é justificar que a memória não se faz presente de uma só vez e pode conter, por isso, "erros" a depender das condições dos registros realizados. O esquema complexo e minucioso de explicação do funcionamento da mente e de seus adoecimentos, ali apresentado, exigirá diversos reparos e correções ao longo dos anos, mas guardará algumas características particulares ao longo de toda a obra.

A mais importante talvez seja a concepção de recalcamento como falha na tradução ocorrida na passagem de um registro para o outro. Para Freud, o desprazer gerado por certas experiências provocaria alterações nas funções de pensamento, que levariam, por sua vez, a falhas de tradução dos estímulos na passagem das percepções para os signos de percepção, ou destes para a inconsciência, ou ainda desta para a pré-consciência ou, por fim, para a consciência. Desse modo, ele torna possível explicar o fato, a nosso ver extraordinário, de que uma pessoa possa adoecer de uma ideia. O esquema explicativo proposto é compreendido em íntima relação com a temporalidade e com a sexualidade. Deixemos que Freud explique com suas próprias palavras:

> *Gostaria de enfatizar o fato de que os registros sucessivos representam conquistas psíquicas de fases sucessivas da vida. Na fronteira entre duas dessas fases é preciso que ocorra uma tradução do material psíquico. Explico as peculiaridades das psiconeuroses através da suposição de que essa tradução não se tenha dado no tocante a uma parte do material, o que acarreta certas consequências. E isso porque nos atemos firmemente à crença numa tendência ao ajustamento quantitativo. Cada transcrição posterior inibe sua predecessora e esgota seu processo excitatório. Quando falta uma transcrição*

> *posterior, a excitação é tratada de acordo com as leis psicológicas vigentes no período psíquico precedente e seguindo vias abertas naquela época. Assim, persiste um anacronismo: numa determinada província, ainda vigoram os fueros;*[3] *estamos na presença de "sobrevivências". (Masson, 1986, p. 209)*

"Sobrevivências" que provocam no psiquismo um efeito de atualidade, ou seja, são lembranças que se comportam como acontecimentos. O que, segundo o autor, só pode ocorrer quando se trata de experiências sexuais, já que nesses casos as quantidades de excitação vão aumentando ao longo da vida à medida que o sujeito avança no desenvolvimento sexual. Por isso, uma experiência sexual ocorrida durante a infância pode ser "resgatada" pela memória a partir de outra experiência não necessariamente sexual ocorrida na adolescência, que se vincula à primeira, que retorna então como atualidade, provocando uma descarga desmedida e potencialmente traumática. O retorno de uma experiência recalcada coloca um limite à ação defensiva do mecanismo recalcante. Assim, um evento sexual de uma fase do desenvolvimento retorna e age em outra fase como atual, impedindo que o sujeito arme suas defesas e o iniba, por exemplo.

Vemos como, até então, ainda nos anos 1890, a ligação entre trauma e sexualidade é bastante íntima. No entanto, o que aqui é evidente e reiterado pelo pesquisador vienense não será tratado da mesma forma ao longo de todas as suas décadas de produção teórica e experiência clínica. Além disso, outro ponto já evidente aqui é o efeito da temporalidade: o acontecimento traumático exige ao menos dois tempos – o chamado *après-coup*, *Nachträglichkeit* –, ou

---

3 *Fueros* eram antigas leis espanholas, vigentes em determinada cidade ou região, que resguardavam privilégios para seus cidadãos a despeito do passar do tempo e das reformulações ocorridas no sistema de leis vigente no país.

seja, é preciso, no mínimo, dois momentos para que o trauma se configure. Tal noção será de fundamental importância não apenas na construção de uma teorização sobre o trauma, mas também na própria concepção das estratégias de tratamento, que contarão com o fator regressivo, inerente ao *après-coup* como condição de possibilidade para a ressignificação de vivências ao longo dos processos analíticos.[4] Neste trabalho, teremos a chance de acompanhar, década a década, quais reparos Freud propõe ao seu edifício, quais pilares fundamentais ele briga por manter e quais as paredes que caem para que determinados espaços conceituais ganhem maior amplitude.

É com essa mirada que convidamos o leitor a nos acompanhar nessa aventura de mais um retorno a Freud. Iniciaremos tentando justificar nosso interesse em nos lançarmos em um terreno já bastante explorado pelas mãos de inúmeros autores de grande porte: o campo do traumático. Embora saibamos que a ambição de ser original em uma pesquisa em psicanálise não é uma boa aliada, também é verdade que abandoná-la completamente nos parece tornar a tarefa árdua demais, por ameaçar a paixão necessária para que nos lancemos a desenhar um trajeto singular em campos vastamente explorados. Assim, nossa pretensão ambiciosa e apaixonada será resguardada, com cuidado e medida, para que nosso motor continue a rodar no ritmo necessário, sempre atentos aos riscos de pane elétrica. Teremos a nosso favor a chance de encontrar diversos comentadores da obra freudiana pelo caminho e lançaremos mão de sua ajuda, sempre que necessário.

---

4 Para um aprofundamento dessa questão, remetemos o leitor interessado a este recente trabalho: Chevret (2021). Nesse artigo, Bernard Chevret desenvolve uma discussão interessante acerca da perspectiva do trauma em Freud, destacando, ao final, a presença do traumático nas tendências dos dois grupos de pulsões: as pulsões de vida e as pulsões de morte. Tal ideia também será trabalhada por nós no quarto capítulo deste livro.

Entre os inúmeros autores que se dedicaram a trabalhar neste campo arenoso do trauma psíquico, gostaríamos, de saída, de destacar dois deles: Sándor Ferenczi e Jean Laplanche. A nosso ver, ambos se destacam e estão em diálogo por terem colocado nosso objeto de investigação – a teoria do trauma – no centro da articulação entre metapsicologia e clínica (Ribeiro, 2018, p. 259). Além disso, reconhecemos em ambos a ênfase em duas ideias de fundamental importância para nós, que servirão de fio para conduzir nossa atenção ao longo de toda nossa jornada: a fonte exógena do trauma e a assimetria inescapável entre a criança e o adulto, com suas inúmeras consequências para a constituição psíquica e para a conquista da alteridade. Pedimos paciência com o estado inacabado dessas proposições; esperamos que elas se tornem mais claras ao longo do percurso. Pelo instante, teremos que contar com a confiança daqueles que nos leem, para que topem aceitar e suportar a condição ainda fragmentada de nosso raciocínio.

Comecemos apresentando Jean Laplanche, o mais contemporâneo dos dois. Reconhecido pelo rigor de sua leitura da obra freudiana e seu empenho incansável em "fazê-la trabalhar", o psicanalista francês percorre diversos pontos do desenvolvimento teórico freudiano. Tomamos a liberdade de destacá-lo como uma espécie de "freudólogo", pelo ímpeto de se manter em diálogo com Freud, seja para concordar, seja para discordar, mantendo, como ele mesmo nomeia, uma relação de *infiel fidelidade* (Laplanche, 2007/2015, p. 258) com a palavra do seu mestre. Para ele, é fundamental *fazer justiça ao texto*, colocar limite à violência em relação à tradução e à interpretação das obras. Por isso, propõe uma leitura de Freud atenta aos desvios e ao que localiza como sintoma no seu desenvolvimento científico. Acompanhando de perto cada um dos reparos que Freud propõe a seu edifício teórico, Laplanche constrói, após algumas décadas de dedicação à obra freudiana, uma análise consistente que lhe permite questionar algumas escolhas do seu mestre e justificar suas próprias escolhas na construção de uma obra singular e original. Dados os limites deste trabalho, não poderemos nos ater à apresentação cuidadosa que a complexa obra de Jean Laplanche mereceria. Vamo-nos contentar em apresentar os principais pilares que justificam o destaque que estamos dando a ele aqui.

Ao tomar o texto freudiano como material de análise, Laplanche passará, a partir de um momento, a criticar posições freudianas acerca da compreensão dos traumatismos e da sexualidade, diferenciando-se delas. Entre esses "tropeços" localizados, a região de primeiro ataque é a primeira teoria da sedução, abandonada por Freud, e sua relação com a concepção da sexualidade e o nascimento do sujeito psicanalítico.

Para Laplanche, o nascimento do sujeito psicanalítico ocorre a partir de um trauma sexual constitutivo, discutido no início da teorização freudiana e abandonado precocemente junto à sua Neurótica, como teremos a oportunidade de acompanhar de perto em nosso segundo capítulo: "A segunda década (1901-1910): da natureza endógena do sexual à significação formativa do trauma; da investigação arqueológica à descrença na Neurótica". O abandono por Freud da sua primeira teoria da sedução, em 1897,[5] impõe à sedução a condição de mito. Esta deixa de ser entendida como um fato acontecido na história individual de um sujeito e adquire o estatuto de dado estrutural remetido à pré-história da humanidade e justificado pelo desamparo primordial inescapável à espécie humana. Veremos essa argumentação freudiana em detalhes ao final do nosso terceiro capítulo: "A terceira década (1911-1920): dos pontos de fixação à verdade pré-histórica; da interpretação ao elogio à paciência".

5 A respeito, ver a Carta de 21/09/1987 de Freud a Fliess, em Masson (1986).

Freud propõe que a experiência de trauma sexual "lembrada" pelas pacientes histéricas seria uma lembrança encobridora da atividade autoerótica infantil, posteriormente ressignificada pela sexualidade adulta e, então, punida.

> *o conhecimento seguro de que não há indicações da realidade no inconsciente, de modo que não se pode distinguir entre verdade e ficção que foram catexizadas pelo afeto. . . . Eu estava a tal ponto influenciado [por isso] que estava pronto a desistir de duas coisas: da resolução completa de uma neurose e do conhecimento seguro de sua etiologia na infância. (Masson, 1986, pp. 265-266)*

Esse é o momento histórico da obra freudiana em que a fantasia toma a cena, deslocando o traumatismo e seu efeito patogênico para os bastidores. A realidade psíquica adquire soberania, e a hipótese de fantasia de sedução criada pela criança se torna o argumento que justifica uma certa noção endógena da fantasia, ou seja, a fonte da fantasia infantil deixa de ser exógena – um fato ocorrido na relação com o adulto – e passa a ser endógena – a sexualidade infantil e a pulsionalidade. É justamente essa concepção que tanto Ferenczi quanto Laplanche, cada um a seu estilo, questionarão, abrindo caminho para a construção de um novo modo de entender os traumatismos. Tal modo retorna já na própria obra de Freud – ainda que em estado embrionário – em especial em suas duas últimas décadas produtivas, como o leitor poderá acompanhar, passo a passo, em nossos quarto e quinto capítulos.

Dada esta breve apresentação de um de nossos interlocutores, antes de demonstrar o desenvolvimento da questão que trabalharemos, pedimos licença para recuperarmos nossa tarefa principal e retornarmos a Freud a fim de expor mais uma porção do terreno sobre o qual edificaremos nossa pesquisa. Voltemo-nos à questão destacada em nossa citação de abertura: "Quando é que uma pessoa fica histérica, em vez de paranoide?", e tentaremos desenvolver uma argumentação que discorra dessa escolha.

Em 1894, no texto "As neuropsicoses de defesa", as organizações psicopatológicas são analisadas em relação à defesa, cujo funcionamento é basicamente a divisão da consciência – hipótese confirmada a partir de sua investigação no campo das neuroses, prioritariamente as histerias. O Eu rejeita uma representação incompatível e intolerável, expulsando-a junto com seu afeto, gerando como efeito uma confusão alucinatória. O método do aparelho psíquico consiste em "cegar as fontes de onde tais representações emanavam" (Freud, 1894/1992, p. 58, tradução nossa).[6] Para isso, o Eu se desliga parcialmente da realidade, visando se proteger da acentuação da representação decorrente de cada aproximação entre a região representacional expulsa e a consciência, o que figura uma "fuga para psicose". O Eu se comporta como se a ideia não lhe tivesse ocorrido, radicalizando a evitação via um retorno sensoperceptivo. A realidade, embora rejeitada, segue existindo, o que exige do aparelho um trabalho constante para manter distância.

6 Neste trabalho, foram utilizadas as seguintes traduções da versão original das obras completas de Sigmund Freud, apresentadas em ordem cronológica: *Sigmund Freud – Obras completas*, publicadas pela Amorrortu, tradução direta do alemão para o espanhol de José L. Etcheverry; *Obras completas de Sigmund Freud*, publicadas pela Companhia das Letras, tradução direta do alemão para o português de Paulo César de Souza; e as *Obras incompletas de Sigmund Freud*, publicadas pela editora Autêntica, com tradução direta do alemão para o português realizada por diversos tradutores (assinalados mais adiante nas referências bibliográficas). A eleição dessas publicações deveu-se à confiabilidade nos trabalhos de tradução e à escolha por traduções diretas da versão original. A prioridade foi dada às publicações da editora Autêntica, seguidas pelas da Companhia das Letras e, por último, pelas da Amorrortu, em espanhol. A escolha pela publicação em espanhol se justificou pela falta de traduções de nossa confiança de determinados textos para a língua portuguesa.

Desse modo, a "escolha da psicose" gira em torno da resposta psíquica à representação intolerável, que inclui "cegar as fontes" e se afastar. Esse é o esboço explicativo da teoria das psicoses em Freud, que, embora tenha se complexificado muito no decorrer da obra, manteve-se fiel ao essencial contido nessa explanação, em termos metapsicológicos.

Representação intolerável: dois termos muito complexos se quisermos levar nossa investigação aos princípios da constituição psíquica. Quanto já aconteceu para que uma representação se forme ou não, e ainda para que seja intolerável ou não? As respostas psíquicas a uma representação sempre guardam alguma relação com os momentos constitutivos do psiquismo. Voltamos, então, a mais um trecho da nossa citação de abertura: "achei que isso dependia da idade em que ocorria o trauma sexual – da idade da pessoa na época da experiência" (Masson, 1986, p. 391). De qual idade e de qual trauma ele nos fala?

Nossas tentativas de responder nos lançam ao terreno misterioso e polêmico dos primórdios da constituição psíquica. Jean Laplanche, em seu livro *Novos fundamentos para a Psicanálise* (Laplanche, 1987/1992), propõe uma imagem que servirá para ilustrar sua concepção de desenvolvimento psíquico, e aqui nos servirá para recuperar a metáfora das edificações, deixada algumas páginas atrás, desde uma nova perspectiva. Na tentativa de explicar a relação entre o registro do autoconservativo e o registro da sexualidade, ele propõe o seguinte:

> *pensemos na construção contínua de um edifício no correr dos séculos, dos milênios, um palácio ou um templo proto-histórico com os remanejamentos e adjunções sucessivos que essa evolução comporta. Cada soberano, cada geração de sacerdotes acrescenta um novo estrato à antiga edificação, mas com a particularidade*

> *(indispensável para o meu exemplo) de que, no entretempo, mudaram a técnica e os materiais. Passou-se da madeira ao tijolo cru, deste à pedra, seca ou com argamassa, etc.*
>
> *Evidentemente, se se constrói em pedra sobre o tijolo cru, as fundações desabam. É então preciso fazer tudo de novo, ou será possível "recuperar os alicerces"? Recuperar os alicerces é, após escoramento, escavar as fundações para recimentá-las de maneira mais sólida – atualmente "injeta-se" concreto – sem ter mudado nada das superestruturas. (Laplanche, 1987/1992, pp. 64-65)*

A metáfora serve para esclarecer como o desenvolvimento sexual do humano não se faz de uma só vez, mas retorna ao longo de toda a vida, reparando os alicerces do que foi adquirido no desenvolvimento de forma geral (do corpo e do psicológico). Ou seja, "a cada instante, em cada situação, as motivações sexuais inconscientes vêm infiltrar, injetar, dar coerência a uma autoconservação mais ou menos deficitária" (Laplanche, 1987/1992, p. 66). Em primeiro lugar, já vemos aqui como não apenas a psicanálise seria considerada um patrimônio arquitetônico infinitamente inacabado, mas que ela assim o é devido às peculiaridades de seu próprio objeto de estudo – o psiquismo humano. E, mais do que isso, que tais reparos e os erros aos quais somos constantemente remetidos na tentativa hercúlea de compreender psicanaliticamente nossas experiências clínicas e cotidianas devem-se ao fato de que, como nos alerta Laplanche (1987/1992), "é o próprio sujeito humano (como nosso arquiteto) que nos induz ao erro, pois mudou as fundações de seu edifício" (p. 66).

Se precisássemos localizar o sujeito humano como arquiteto em alguma das tradições das escolas de restauro e conservação vigentes na arquitetura, o situaríamos, sem sombra de dúvida, na tradição da escola francesa, sob a égide de Viollet-le-Duc, para quem importava menos a fidedignidade com os monumentos e sua historicidade do que a chance de criar inventivamente sobre aquilo que se encontrou em estado de degradação. Segundo essa grande figura da doutrina e da prática do restauro, "Restaurar um edifício é restabelecê-lo num estado completo que pode nunca ter existido em determinado momento" (Viollet-Le-Duc citado em Choay, 1982/2014, p. 160).

Logo, a tentativa freudiana de situar, como um "X" no mapa, a idade e a natureza do trauma sexual, que determinariam o ponto exato da bifurcação entre adoecimentos neuróticos e psicóticos, perde um tanto a pertinência. Teremos a oportunidade de acompanhar, em um ritmo mais lento e cuidadoso, ao longo dos capítulos que seguem esta introdução, como Freud vai aos poucos ampliando a discussão sobre a escolha da neurose. Tal ampliação permite que ele alcance, ao final de sua obra, uma perspectiva na qual se inclui, entre a neurose e a psicose, um enorme contínuo de organizações psíquicas, nomeadas por ele "neuroses graves". Todo esse campo de adoecimentos, que atualmente é nomeado não neurose, transtornos *borderlines*, adoecimentos narcísico-identitários, no qual a importância de compreender e considerar os efeitos dos traumatismos é indiscutível.

A característica atemporal do traumático, seu efeito sempre atual e não passageiro – que Freud já tentava explicar em 1896, em sua intuição acerca dos *fueros* e das "sobrevivências" psíquicas –, representa um dos maiores desafios clínicos no tratamento desse largo espectro de casos. Estaríamos, em alguns momentos, enquanto clínicos, diante da impossível tarefa de restaurar um edifício enquanto ele desaba. Evidentemente, empreender tal tarefa exige técnicas cuidadosas e sofisticadas. Algo próximo ao que Anna Potamianou (2015) sintetiza como:

> *Ao converter as cargas energéticas que escapam à figuração, as construções do analista desatam o pensamento encapsulado do paciente e abrem caminho para a recuperação de memórias ou para o surgimento de convicções que dizem respeito a um passado recém construído. Sensações e eventos somáticos tornam-se parte de um texto psíquico que é integrado em uma narrativa mítica-histórica tecida durante o trabalho analítico. O processo muda o destino de quantidades de cargas brutas, tanto no domínio da autopreservação como no da sexualidade. . . . Isto implica que o analista concentre suas intervenções principalmente no processo e menos no conteúdo . . . Se o analista conseguir dar às repetições compulsivas o significado de um enactement na transferência, assim como o de um desejo arraigado na relação passado/presente da dupla analítica, então esse destino fatal na história humana pode servir como um agente de mudança. (pp. 961-962, tradução nossa)*

Entretanto, para alcançar tais proposições contemporâneas, será preciso recuar no tempo em busca do autor a quem pensamos que tais desenvolvimentos em parte se devem. Chamaremos a nosso auxílio o outro interlocutor com quem manteremos, ainda que de forma oculta, um diálogo constante. Sándor Ferenczi foi o primeiro a recusar a concepção freudiana de traumatismo exclusivamente atrelado ao desamparo biológico primordial. É essa concepção de trauma que Ferenczi tentará relativizar à medida que ele retoma a importância do fator traumático na explicação dos quadros psicopatológicos.

> *Quanto à importância da alteridade na constituição do trauma, Ferenczi parece manter-se sempre afirmativo,*

> *sem nunca ter abandonado aquilo que a situação clínica revelava, ou seja, que o trauma é fundamentalmente resultado de uma ação de um outro sobre o sujeito (ou um corpo) traumatizado. No embate entre o primado da fantasia (que acaba por predominar na maior parte da teorização freudiana) e o primado da realidade, Ferenczi, entre os psicanalistas mais próximos de Freud, é o que primeiro retorna à valorização da realidade externa para a constituição das experiências subjetivas, ou até mais, à primazia constitutiva da realidade externa na instalação do trauma psíquico. (Coelho Junior, 2018, p. 129)*

Parece-nos que o que Ferenczi tenta defender junto a seu mestre é a relativização do aspecto trágico e puramente intrapsíquico do trauma presente nas duas teorias do traumatismo construídas por Freud. Falta a elas o aspecto intersubjetivo do evento traumático. É exatamente nesse ponto que Ferenczi centrará seus esforços, empenhando-se em avançar na articulação das ideias de Freud com o que sua clínica – na qual as neuroses traumáticas e os chamados casos difíceis tinham prevalência – revelava-lhe. Seu esforço contínuo é em articular as ideias freudianas fazendo-as avançarem até o alcance do que os desafios clínicos exigiam. Desse modo, Ferenczi recusa o aspecto estrutural do trauma questionando o nascimento como protótipo da experiência traumática e defendendo que os "traumas reais" se referem aos processos de adaptação da criança à família, ao convívio social e ao abandono da infância (Dal Molin, 2016, p. 180). Dessa forma, amplia consideravelmente a problemática do trauma, além de inverter o vetor adaptativo propondo que o trabalho ativo de adaptação deveria partir da família (Ferenczi, 1927/1992), e não da criança. Esta deve ser bem-acolhida pelo seu meio, caso contrário ficará "abandonada" à sua pulsionalidade mortífera e poderá tender a rumar à destruição, em diversos aspectos (Ferenczi, 1929/1992).

Nessa perspectiva, o nosso apelo ao analista húngaro aqui se justifica, especialmente, pelos consistentes avanços empenhados por ele nas formulações acerca das inovações técnicas exigidas por essa clínica. Ao não recuar diante das análises com os chamados "casos difíceis", Ferenczi pôde dedicar sua genial criatividade ao desenvolvimento de diversos escritos nos quais a técnica da psicanálise é profundamente trabalhada. Desse modo, ele proporá reformulações e inovações consistentes que inspiram, até os dias de hoje, aqueles que se dedicam a essa clínica cada vez mais prevalente no mundo contemporâneo. Nos desenvolvimentos da chamada psicanálise contemporânea, a ideia de que determinados tipos de pacientes requerem revisões específicas nas teorias da técnica psicanalítica é um pressuposto bastante consolidado. Nesse sentido, devemos muito, sem dúvida, ao chamado *enfant terrible* da psicanálise e reconhecemos a potência inovadora de sua obra nesse âmbito.

> *Conhecendo-se as discussões atuais em torno dos* enactments *e* actings outs, *na esteira dos desenvolvimentos técnicos "pós-identificação projetiva", não é muito difícil reconhecer, como já o fez André Green, Ferenczi como o pai de grande parte da psicanálise contemporânea. A atenção para experiências psíquicas que remontam a conteúdos que nunca foram conscientes (ou pré-conscientes), anteriores à compreensão verbal, fazem de Ferenczi o patrono das discussões técnicas que até hoje nos incitam e fazem pensar. Para ele, em alguns momentos, a atitude de provocar uma ação era a alavanca necessária para que pudesse haver posterior elaboração, lado a lado com uma atitude de estreita sintonia com a experiência emocional do paciente para*

> *melhor equalizar temporalmente as intervenções, que favorecessem o andamento da análise. (Coelho Junior, 2018, p. 166)*

Para ele, antes que possa haver relação de objeto, há uma complacência absoluta do psiquismo em nascimento do bebê às impressões vindas de fora, o que pode gerar traumatismos nos quais não é possível considerar participação psíquica alguma, portanto, traumatismos desestruturantes. Disso resultam regiões não psiquicizadas dentro do sujeito, regiões sombrias – o que ele chama de *regiões de morte dentro*. Decorrente dessa concepção de adoecimento temos, então, estratégias de tratamento que se distanciam daquelas que visam à desconstrução de defesas egoicas a partir da implicação do sujeito na construção das fantasias que o fazem sofrer. Isso é fundamental, já que as divergências entre Ferenczi e seu mestre, Freud, passam pela sua experiência clínica com casos em que os manejos da psicanálise clássica não surtiam efeito.

> *A interpretação excessiva, através do privilégio atribuído ao campo do inteligível, inibia certas manifestações mais regressivas. Coube a Ferenczi o mérito de formular a necessidade do acolhimento do infantil em análise, de maneira que novos sentidos pudessem ser criados pelos analisandos para suas existências severamente comprometidas, sobretudo se considerarmos a configuração subjetiva dos pacientes traumatizados com os quais lidava. Em "Análises de crianças com adultos", de 1931, encontra-se uma formulação que revela o principal objetivo do estilo clínico ferencziano: em vez de falar* da *criança que habita o analisando através do instrumento interpretativo, seria preciso voltar a falar* com *a criança que se expressa em cada paciente em*

> *análise. . . . No estilo clínico que assim se constituía, as balizas passavam a ser não mais associação livre, princípio de abstinência e interpretação, porém* associação livre, regressão *e* jogo *(ou brincar –* Spielen *em alemão;* to play, *no inglês de Winnicott), indicando que a aposta principal do trabalho analítico recaía agora na qualidade do encontro afetivo que se estabelecia na transferência. (Kupermann, 2008, p. 83)*

Isso posto, poderíamos defender que a ilustração proposta por Laplanche – e apresentada por nós há algumas páginas – acerca das edificações nos oferece uma inspiração importante para a clínica. Seria possível, na relação analítica, acompanhar o sujeito na revisão das fundações de seu psiquismo, utilizando novas técnicas de que dispomos como analistas, a fim de recuperar os alicerces de uma constituição psíquica em risco de desabamento.

No entanto, embora inovador e autêntico, Sándor Ferenczi se esforça, ao longo de toda sua obra, para se manter em diálogo com Freud – o que nem sempre foi possível dadas as negativas do mestre a alguns dos avanços promissores de seu aluno. Teremos a chance, neste trabalho, de localizar alguns desses diálogos e sinalizar possíveis pontos de ancoragem de onde Ferenczi partiu em busca de suas verdades clínicas e metodológicas.

Recuperando então: nosso campo, como já anunciado, é a teoria do trauma. Ou seria melhor dizer: são as teorias do trauma elaboradas por Freud e as vicissitudes de cada uma delas no desenvolvimento das estratégias clínicas. Pretendemos avançar cronologicamente desde as primeiras proposições etiológicas da histeria – afecção psíquica à qual nosso autor deve a fundação de sua pesquisa –, que datam do final do século XIX, até as modificações propostas nos seus últimos artigos sobre a técnica, no final da década de 1930. Nossa escolha por seguir cronologicamente a obra freudiana não se inspira na (a)temporalidade de nosso objeto de estudo. Poderemos compreender, algumas décadas adiante, como o tempo do traumático não obedece a uma cronologia. Aqui, seguiremos assim por pensarmos que tal método de investigação e apresentação das ideias facilitará o acesso do leitor ao modo de pensar e fazer psicanálise do próprio mestre Freud, além de permitir, quem sabe, que alguns dos que nos acompanharem até o final possam eleger pontos privilegiados de interesse e voltar a eles na própria obra freudiana, quando lhes for necessário.

Acompanharemos, desse modo, os diversos momentos da teorização sobre o trauma na investigação freudiana. Nosso trajeto é longo, compreende cronologicamente a totalidade das décadas produtivas do doutor Freud, de forma que contaremos com o brilhantismo das ideias do nosso mestre e com a complexidade do nosso objeto para que a curiosidade se mantenha viva e nossa viagem possa ser prazerosa.

Para que o percurso se mantenha em mente ao caminhar, propomos que leve no bolso nosso mapa de trajeto. Ele será de grande valia nos momentos em que faltar um tanto de fôlego. Percorreremos essas décadas tendo como guia o que Freud descreve como o aspecto sexual do trauma, ou seja, o papel da sexualidade[7] no que traumatiza e adoece seus pacientes, e o lugar que o outro (aspectos da realidade externa) ocupa na eclosão de uma situação traumática e em seu desenvolvimento. Temos clareza de que o que aqui destacamos – sexualidade e o lugar do outro – são regiões amplas e complexas, e nossa intenção não será destrinchar as polêmicas envolvidas nelas, o que nos desviaria e tornaria infinita e inacabável

---

7 De partida, vale lembrar que a própria ideia de sexualidade muda no decorrer da obra freudiana. Tentaremos sinalizar as mudanças para que o leitor nos acompanhe de perto.

nossa tarefa. Contamos com a paciência de quem nos acompanha para que mantenham em mente essas formas ainda incompletas. Esperamos esclarecê-las ao longo da viagem.

1. A primeira década (1890-1900): do corpo estranho interno à sedução; da anamnese à escavação conjunta

Seguiremos o conselho do próprio Freud, que, em 1908, no prefácio à segunda edição de suas "Comunicações Preliminares" – escritas em parceria com seu então mestre, doutor Breuer –, escreve: "E, para quem se interessa pelo desenvolvimento que levou da catarse à psicanálise, não posso dar conselho melhor do que iniciar com os *Estudos sobre a histeria*, fazendo assim o caminho que eu próprio percorri" (Freud & Breuer, 1908/2016, p. 17). Nesse trabalho inaugural, notamos as pegadas de Breuer e Freud com a delicadeza e a consistência necessárias a quem inaugura uma picada na mata densa: é preciso pisar firme e transmitir confiança, o que por vezes apressa um tanto o ritmo da passada, ao mesmo tempo que o desconhecido e a responsabilidade os assombram e os impedem de ter muita pressa ao marcar o caminho para os que vierem depois.

A investigação clínica da dupla de médicos permitiu o acesso aos psiquismos de suas histéricas. Ao pedirem e autorizarem essas mulheres a falarem acerca do que lhes acometia e colocarem suas produções discursivas no centro de suas investigações científicas, Breuer e Freud fundam, simultaneamente, um campo de saber e um método de pesquisa. Nesse trabalho, os autores argumentam a favor de uma concepção de adoecimento psíquico que toma o trauma como desencadeador: o que provoca os sintomas histéricos é um acidente. Os pesquisadores centram seus esforços em defender a hipótese de que existe um evento disparador da doença, acessível por meio da hipnose e da sugestão, que justifica os sintomas e que, se acessado, pode ser "revivido" e então tratado. O que perturba o acesso à relação causal entre o evento disparador e os fenômenos patológicos é que esta é de natureza simbólica, ou seja, "como a que a pessoa sã forma no sonho" (Freud & Breuer, 1893-1895/2016, pp. 21-22).

> *Mas o nexo causal entre o trauma psíquico motivador e o fenômeno histérico não é tal que o trauma, como* agent provocateur *[agente provocador], desencadeasse o sintoma, que então, tornado independente, permaneceria. Devemos antes afirmar que o trauma psíquico ou, mais precisamente, a lembrança do mesmo age como um corpo estranho que ainda muito depois de sua penetração deve ser considerado um agente atuante no presente, e vemos a prova disso num fenômeno extremamente curioso, que, ao mesmo tempo, confere um notável interesse prático a nossas descobertas. (Freud, & Breuer, 1893-1895/2016, p. 23)*

O fenômeno extremamente curioso ao qual eles se referem é justamente a descoberta do método catártico e dos efeitos da ab-reação. Ao escutar as histéricas na busca ativa de indícios de possíveis traumas psíquicos, os pesquisadores da alma humana descobriram que, ao reativar as lembranças ligadas aos eventos traumáticos e dar-lhes o devido tratamento, ou seja, permitir que as histéricas reagissem afetivamente de acordo com a demanda emocional da situação em questão, os sintomas desapareciam. Os sintomas aqui são interpretados como guardiões de experiências que não puderam ser devidamente vividas. As lembranças que não puderam ser suficientemente ab-reagidas não podem ser esquecidas, já que não foram suficientemente desgastadas pela própria experiência reativa nem puderam ser representadas em associação com outras experiências.

São descritas, então, duas razões para que tal fenômeno se estabeleça. No texto, elas são separadas em dois grupos. No primeiro, estão as experiências cujas reações foram impedidas ativamente devido a seu conteúdo. O conteúdo das experiências impediu as devidas reações, seja por questões sociais que se opunham à realização da reação (ou seja, fatores externos ao sujeito, incluindo desde normas sociais até compromissos singulares dessa pessoa com seus outros), seja por parte da própria pessoa, que recalca ativamente uma experiência que gerou dor e desprazer. No segundo grupo, estão as experiências sem a devida reação por conta do estado psíquico da pessoa na ocasião em que ocorreram, o que engloba desde estados hipnoides, sono, até a paralisia disparada pelo susto, choque da situação traumática.

Inspirados nessa categorização, ousaremos criar também dois grupos para organizar nossa apresentação das teorias sobre o trauma. No primeiro grupo, reuniremos os traumas que se justificam pelo que vem de fora e, no segundo, os traumas que se justificam pelo que vem de dentro. Pedimos paciência e compreensão diante dessa proposta – por mais esquisita que ela pareça, pretendemos torná-la palatável em breve.

No primeiro grupo – traumas que se justificam pelo que vem de fora –, a ênfase recai sobre o mundo externo como agente causador. Esse grupo, no qual uma compreensão dos aspectos intersubjetivos prevalece, terá maior destaque ao menos até a metade da próxima década, por volta de 1905, quando a teoria do trauma viverá sua primeira cambalhota anunciada nos "Três ensaios sobre a sexualidade" (1905/2016) e descrita explicitamente no texto "Meus pontos de vista sobre o papel da sexualidade na etiologia das neuroses" (1906/2016).

A partir desse momento, os traumas que se justificam pelo que vem de dentro, nos quais ganha ênfase a compreensão dos aspectos intrapsíquicos, vão ter cada vez mais destaque, sem que o outro grupo desapareça completamente. Vale destacar que o que chamamos, simplificadamente, de dentro e fora não configuram categorias excludentes.

Ao longo de toda construção psicanalítica, a sustentação desse movimento dialético entre externo e interno é fundamental e vital para a manutenção da complexidade epistemológica dessa teoria. O encontro é o momento privilegiado de investigação. Os aspectos intersubjetivos e intrapsíquicos se encontram intimamente imbricados em toda construção metapsicológica. O destaque dado aqui a essa diferenciação nos servirá para evidenciar que o acento da primeira teoria freudiana sobre o trauma recai no que vem de fora – o acidental, a perturbação da sexualidade que tem sua origem no outro –, enquanto, na sua segunda teoria sobre o trauma, o acento recai no que vem de dentro – a pulsionalidade inconsciente, a sexualidade infantil e sua origem endógena.

Mas guardemos essa proposição para nossa próxima encruzilhada, para não cairmos na armadilha de colocar nosso carro na frente dos bois. Por enquanto, voltemos a Freud e Breuer com suas histéricas, acompanhando na prática o modo como as conversas entre médico e paciente se passavam.

A investigação dos pesquisadores é bastante ativa; eles correm atrás do que desejam encontrar com considerável vigor, o que pretendemos demonstrar por meio de suas posturas em dois casos apresentados nesses estudos, a famosa Anna O e a nem tão famosa, porém não menos importante, Katharina.

Anna O é a primeira paciente apresentada nos casos clínicos expostos nos estudos sobre a histeria. Ela foi atendida por Breuer, que, já no princípio, classifica a situação de sua histérica como grave; a perturbação que a atingiu parece ter dividido a personalidade da paciente em duas partes, dois estados de consciência absolutamente distintos, segundo sua avaliação. Essa divisão, somada a uma profusão considerável de sintomas, somáticos e psíquicos, compunham a gravidade da situação que Breuer se propôs a tratar. Outro aspecto que vale destacar sobre o modo como Breuer a apresenta diz respeito ao nosso assunto de interesse, a sexualidade. Em suas palavras,

> *O elemento sexual era espantosamente pouco desenvolvido; a doente, cuja vida tornou-se transparente para mim como raramente a de um ser humano para outro, jamais tivera um amor e em todas as numerosas alucinações de sua doença nunca emergiu esse elemento da vida psíquica. (Breuer, 1893/2016, pp. 40-41)*

Essa passagem explicita dois aspectos importantes, o primeiro dos quais é um anúncio bastante tímido do que será trabalhado posteriormente por Freud ao longo da próxima década. A aparente contradição entre o trauma sexual e a ausência do elemento sexual em Anna O será resolvida por meio da concepção do par de opostos: força da pulsão e excesso da defesa recalcante. Adiantaremos aqui uma citação de Freud (1905/2016) em seus "Três ensaios sobre a sexualidade" para avançarmos teoricamente no que, nesse momento, era apenas uma descrição clínica.

> *O caráter histérico denota um quê de* repressão sexual *que vai além da medida normal, uma intensificação das resistências ao instinto sexual que conhecemos*

> *como vergonha, nojo e moral, uma fuga como que instintiva [*instinktiv*] ante a consideração intelectual do problema sexual, que em casos acentuados tem a consequência de se manter uma completa ignorância sexual até depois de atingida a maturidade sexual. (pp. 61-62)*

Logo, é pela concepção de recalcamento que a ausência da sexualidade na consciência e sua participação central na formação dos sintomas se justifica. Notamos aqui que recalcamento e sexualidade são noções intimamente conectadas e justificam a máxima dos autores "o histérico sofre sobretudo de reminiscências" (Freud & Breuer, 1893/2016, p. 25). Ou seja, o recalcamento justifica aqui a separação temporal entre a experiência traumática e seus efeitos no psiquismo; um trauma vivido no passado se mantém ativo no psiquismo, podendo desenvolver sintomas ainda que muito tempo tenha se passado.

O segundo aspecto que gostaríamos de comentar é a evidência do alto grau de intimidade que se estabeleceu na relação entre ele e sua paciente. Nesse e em outros momentos do texto, nota-se que o médico não era ingênuo acerca dos efeitos que sua presença ou ausência surtiam no estado psíquico de Anna O. Embora ainda não houvesse aqui os instrumentos necessários para se tratar dos efeitos da transferência, não podemos negar que o envolvimento do investigador com seu objeto de pesquisa era altíssimo. O susto, ou melhor, o trauma que Breuer viveu nessa relação o levou ao seu rompimento com Freud e o posterior abandono da psicanálise. Isso se deveu, em parte, à disponibilidade de Breuer, notavelmente alta, para a relação afetiva e à falta, nesse momento, de instrumentos para compreender os problemas que isso poderia gerar. Enfim, o que nos interessa é que Breuer percebia que sua relação era intensa e surtia efeitos em sua paciente, e certamente se preocupava em cuidar do que lhe dizia. No entanto, ainda não havia pensamentos acerca da transferência erótica e os riscos da sugestão quando se perdia de vista a medida do poder de influência do médico. Isso posto, vamos à passagem que nos demonstra o manejo do pesquisador/terapeuta:

> *Por duas semanas, houve mutismo total; nas contínuas e extenuantes tentativas de falar, nenhum som era emitido. Aqui, pela primeira vez, o mecanismo psíquico da perturbação ficou claro. Como eu sabia, ela havia se magoado muito com alguma coisa e decidira nada dizer a respeito. Quando o* adivinhei e a forcei a *falar, a inibição, que antes também tornara impossível qualquer outra manifestação, desapareceu. (Breuer, 1893/2016, pp. 45-46, grifos nossos)*

Breuer descobre, antes de Anna O, o que lhe aconteceu. Em conformidade com sua teoria, ela teria vivido uma situação à qual não reagiu devidamente, o que desembocou na inibição sintomática. Ao trazer novamente à consciência e permitir a reação adequada, o sentido do sintoma se desfaz e ele pode ser eliminado. É nesses moldes que os sintomas vão sendo, um a um, removidos pela fala, até que a própria Anna O se dê por satisfeita com seus avanços e decida interromper o tratamento.

> *Já descrevi o fato assombroso de que, do início ao término da doença, todos os estímulos provenientes do segundo estado e suas consequências foram permanentemente suprimidos ao serem expressos na hipnose, a ele nada tenho a acrescentar senão* a certeza de que isso não foi, de modo algum, uma invenção minha que eu teria sugerido à paciente; *ao contrário, fiquei surpreso ao extremo e somente após uma série de superações*

> *espontâneas desenvolvi, a partir daí, uma técnica terapêutica.* (Breuer, 1893/2016, p. 74, grifo nosso)

Como o próprio Freud nos ensinou, quando uma negativa é assumida com certeza, vale a pena desconfiar. Como distanciar a postura terapêutica de Breuer da sugestão, quando nos parece evidente que ele se coloca carregado de certezas diante da sua paciente? Pensamos que vale levantar essa desconfiança não com a pretensão de criticar o pesquisador a quem devemos a descoberta da psicanálise, mas para perseguir os caminhos que esse tipo de manejo foi percorrendo à medida que a teoria psicanalítica foi se complexificando. Tentaremos demonstrar que ambos os pontos que destacamos – o papel da sexualidade na patogênese e o modo de manejar tais conteúdos na clínica – seguem sendo até hoje terrenos polêmicos sobre os quais certezas não tendem a se acomodar.

Vamos, então, à Katharina. Freud (1893/2016) nos apresenta uma "moça de cerca dezoito anos" (p. 180) que pede ajuda a ele durante suas férias nos Alpes Orientais. O relato clínico reproduz o diálogo que se travou entre eles. É possível acompanhar de perto as intervenções de Freud, o que justifica o destaque que estamos dando a esse caso aqui. Katharina se dirige ao doutor Freud alegando ser "doente dos nervos" (p. 181). Nesse sentido, refere-se a sintomas físicos, como falta de ar, tontura, zumbido nos ouvidos e fortes dores de cabeça, acompanhados por sensações de morte iminente e persecutoriedade. As perguntas de Freud à moça têm um tom marcadamente investigativo e, dada a improvisação necessária ao atendimento do caso, fora das condições ideais de *setting*, lemos o seguinte acerca da construção de seu manejo clínico:

> *Deveria eu fazer aqui uma tentativa de análise? Na verdade, não me aventurava a transplantar a hipnose para essas alturas, mas talvez tivesse êxito com uma*

> *simples conversa. Precisava adivinhar acertadamente. Com bastante frequência havia identificado a angústia, em moças mais jovens, como consequência do pavor que acomete uma mente virgem, quando pela primeira vez depara com o mundo da sexualidade.*
>
> *Eu disse então: "Se você não sabe,* vou lhe dizer como penso que você passou a ter seus ataques. *Naquela época, há dois anos, você viu ou escutou algo que a incomodou muito, que você preferiria não ter visto."*
>
> *E ela, a isso: "Jesus! Sim, eu peguei o tio com a menina, com a Franziska, minha prima!".*
>
> *"Que história é essa com a menina? Não quer me contar?"*
>
> "A um médico a gente pode contar tudo. *Então, o senhor sabe, o tio, o marido da tia que o senhor viu aqui, tinha com ela a estalagem no ** [o nome da outra montanha]. Agora estão separados e sou culpada disso, porque foi por mim que as pessoas descobriram que ele estava com a Franziska". (Freud, 1893/2016, pp. 183-184, grifo nosso)*

Sobre sua hipótese prévia de que a angústia era consequência do contato com o mundo da sexualidade, Freud acrescenta, em uma nota de rodapé, que reconheceu essa conexão causal por meio da experiência clínica. Novamente, assim como assinalamos no caso de Anna O, é o médico quem descobre as causas do adoecimento e indica à paciente por qual caminho sua investigação na memória deve seguir. Gostaríamos de chamar a atenção do leitor para as sentenças que destacamos no trecho citado: "vou lhe dizer como penso que você passou a ter seus ataques" e "A um médico a gente pode contar tudo". Elas apontam de alguma forma para a relação transferencial estabelecida e, como no caso de seu colega Breuer, a sugestão parece fazer presença novamente. Quando ele alega que a inviabilidade de trabalhar com a hipnose exige que ele se arrisque com um palpite, parece estar explicitando de que modo a sugestão é central no desenvolvimento do método catártico.

Destaquemos a hipótese defendida: o excesso do contato precoce de uma mente virginal com a sexualidade adulta ativa a defesa que exclui da consciência a experiência sexual e desvia a carga afetiva para os sintomas somáticos. A dissociação da consciência, evidenciada por Breuer no caso da Anna O, abre caminho para esta outra ideia, que culminará na descrição da sintomatologia característica da patologia histérica: a conversão. O mecanismo de defesa ganha centralidade na construção da psicopatologia psicanalítica, o que já podemos perceber nas primeiras publicações psicanalíticas. Freud divergirá de Breuer, especialmente quanto a este aspecto – a defesa. O que Breuer postulava sem exatamente explicar por meio dos estados hipnoides – a dissociação da consciência e a inacessibilidade de certos conteúdos – será justificado por Freud a partir da concepção da ideia de defesa e da teoria do recalcamento. Tentaremos demonstrar de que modo isso foi avançando.

Nos textos não publicados desse período, que vieram ao público apenas postumamente, notamos como a hipótese da etiologia sexual já estava ocupando os pensamentos de Freud na última década do século XIX.

Em 1895, no "Projeto para uma psicologia científica", Freud (1895/1992) afirma que

> *Falta-nos uma explicação para isto, saber que consequências como aquelas a que estamos acostumados apenas pelos processos primários, provenham de um processo do ego. Cabe esperar aqui condições psíquicas particulares. Do ponto de vista clínico, sabemos que tudo isso apenas acontece no âmbito sexual: por isso,*

> *talvez, tenhamos que explicar essa especial condição psíquica a partir de características naturais da sexualidade. (p. 400, tradução nossa)*

As características naturais da sexualidade aqui se referem especialmente à ação retardada da puberdade, que adia as experiências sexuais, o que para Freud justificaria a existência dos chamados "estados primários póstumos". Explicamos: as experiências sexuais ocorridas após a puberdade reativam as experiências sexuais precoces, para as quais não houve a reação devida. Isso se deve a haver ocorrido, entre a primeira e a segunda experiência, as mudanças disparadas pela puberdade, que ressignificam então o que foi lembrado. Desse modo, a ação retardada do trauma é descrita, e se esboça, desde então, uma teoria do trauma que se desenrola em dois tempos, algo que se realiza no *só depois, a posteriori*. Sem ego para defender o psiquismo da experiência de excitação excessiva, a lembrança tem efeito de vivência e dispara angústia. Esse efeito de vivência explicita o caráter alucinatório da lembrança, sempre presente, que permite que se remontem intrapsiquicamente experiências outrora vivenciadas em relações intersubjetivas.

Nos principais textos publicados por Freud no ano seguinte, "Observações adicionais sobre as neuropsicoses de defesa" (1896a/1992) e "A etiologia da histeria" (1896b/1992), a hipótese etiológica sexual das neuroses atingirá seu ápice. No primeiro deles, "Observações adicionais sobre as neuropsicoses de defesa", Freud retoma seu texto de 1894, "Neuropsicoses de defesa", para acrescentar descrições sobre dois aspectos: a natureza do trauma sexual e o momento (idade) em que eles ocorreram. O texto é marcado por um flagrante entusiasmo de Freud. Em uma carta a Fliess datada de 16 de março de 1896, que, como nos conta Strachey (1962/1992, pp. 163-164) em nota de rodapé acrescentada a este texto, foi escrita imediatamente após o final desse trabalho, Freud conta ter chegado a um "punhado de minério bruto que contém uma quantidade incalculável de metal precioso" (Masson, 1986, p. 180). Diz ainda a seu amigo e confidente que o isolamento ao qual se vê lançado nessa investigação lhe faz crer que ele teria descoberto a maior das verdades. Qual seria a razão de tamanho entusiasmo?

Freud nos apresenta como resultado de suas investigações clínicas o argumento que liga definitivamente o adoecimento neurótico ao trauma sexual. É precondição da neurose a ocorrência de um trauma sexual na tenra infância do sujeito, anterior à puberdade, cuja lembrança junto ao afeto aflitivo correspondente será reativada por uma experiência também sexual posterior. A predisposição histérica até então enigmática é esclarecida com a descoberta da ocorrência de traumas sexuais no começo da vida. Crianças que viveram corporalmente excitações sexuais na relação com adultos ou crianças mais velhas terão, por isso, seu desenvolvimento sexual prejudicado. Lemos, no segundo texto destacado acima, a contundente afirmação: "já não se trata do despertar do tema sexual por uma impressão sensorial qualquer, mas de experiências sexuais no próprio corpo, de um *intercâmbio sexual* (em sentido amplo)" (Freud, 1896b/1992, p. 202, tradução nossa, grifo do original).

O adoecimento se dá devido à chamada ação diferida, ocorrendo necessariamente em dois (ou mais) tempos. Um momento nuclear precisa se juntar a outro, auxiliar para que algo do inconsciente retorne como sintoma. A relação entre as lembranças não é linear, pelo contrário, elas formam uma rede complexa, o que dificulta o trabalho de investigação.

> *as cenas traumáticas não formam nexos simples, como as contas de um colar, mas nexos ramificados, como uma árvore genealógica. Pois na raiz de cada nova vivência entram em jogo duas ou mais vivências iniciais,*

> *como lembranças. (Freud, 1896b/1992, p. 196, tradução nossa)*

Sobre o método de investigação que tal fenômeno exige, Freud (1896b/1992) apresenta no texto "A etiologia da histeria" uma ilustração que reproduziremos integralmente, dada sua beleza e sua importância para nossa pesquisa:

> *Gostaria de lhes figurar por meio de uma analogia, que tem por conteúdo um progresso alcançado, de fato, em outro campo de trabalho, a comparação entre o método de que é necessário se valer para conseguir a notícia e os métodos mais antigos de levantamento anamnésico. Suponham que um pesquisador viajante chegasse a uma região pouco conhecida, em que desperta seu interesse um sítio arqueológico no qual existem paredes em ruínas, restos de colunas e de tábuas com uns signos de escrita borrados e inelegíveis. Ele poderá limitar-se a contemplar o que foi exumado e perguntar aos nativos das proximidades, talvez pessoas semibárbaras, sobre o que sua tradição lhes diz a respeito da história e do significado desses restos de monumentos; tomaria nota dessas informações . . . e seguiria viagem. Mas ele poderia seguir outro procedimento; se por acaso levou consigo pás, picaretas e enxadas, então, contratará locais para que trabalhem com esses instrumentos, examinará com eles o sítio, removerá o cascalho e, pelos restos visíveis, descobrirá o que estava enterrado. Se obtiver sucesso em seu trabalho, os achados falarão por si mesmos: os restos de muros pertencem aos que cercavam o terreno de um palácio ou a casa do tesouro; um templo pode ser avistado nas ruínas das colunatas; as*

> *inúmeras inscrições encontradas, bilíngues, no melhor dos casos, revelam um alfabeto e uma língua cuja decifração e tradução trazem notícias inesperadas sobre os acontecimentos da pré-história, para manter a memória de que aqueles monumentos foram edificados.* Saxa loquuntur![1] *(p. 192, tradução nossa, grifo do original)*

Vemos aqui, sintetizada nessa bela metáfora, a primeira mudança no método de abordagem do traumático. Freud defende que o explorador coloque os habitantes da própria cidade para escavar. Ocorre uma torção do método antes empregado por Freud. Os lugares bem definidos – médico descobrindo o que adoece e paciente recebendo revelações, demonstrados nos casos Anna O e Katharina – aqui já parecem ter suas fronteiras borradas.

A indicação para uma exploração bem-sucedida é que o médico/investigador transmita sua curiosidade para que o paciente/habitante local arregace as mangas e, juntos, ambos se coloquem a escavar as pedras que poderão lhe contar o que viram e viveram. *Saxa loquuntur!* Acompanhamos assim a transformação metodológica que parte da anamnese conjugada à sugestão e alcança uma proposta de investigação conjunta, na qual médico e paciente reúnem esforços e trabalham lado a lado.

Essa mudança no método tem íntima relação com a transformação da hipótese etiológica da histeria, que é apresentada neste texto em sua forma final.

> *Formulo então esta tese: na base de todo caso de histeria se encontram* uma ou várias vivências – *que são reproduzíveis pelo trabalho analítico, ainda que o intervalo possa chegar a décadas* – de experiência sexual

1 As pedras falam!

> prematura *e que pertencem à infância mais precoce. Avalio que esta seja uma revelação importante, a descoberta de um* caput Nili *(origem do Nilo) da neuropatologia. (Freud, 1896b/1992, p. 202, tradução nossa, grifos do original)*

A direção do vetor do acontecimento traumático – cuja revivescência ativa a formação de sintomas – é de fora para dentro, ou seja, o adulto traumatiza a criança pelo excesso sexual de sua ação. Assim, um tratamento efetivo deverá remontar, por meio de vestígios, a exterioridade da cena traumática. A ab-reação consiste justamente no reconhecimento, *a posteriori*, de que algo que veio de fora feriu. A ausência desse reconhecimento no momento do trauma impediu a devida reação. Caso possamos desenterrar tal evento das ruínas do passado e reconhecê-lo, o afeto encapsulado poderá ser liberado e o seu efeito patogênico poderá se interromper. Tal liberação permite que a energia represada se reencaminhe para um desenvolvimento saudável. A *caput nili* estava bloqueada, a nascente estava interrompida e o fluxo do rio, impedido de seguir, transbordava em reações aparentemente indevidas a experiências sexuais futuras. Essas reações aparentemente indevidas ganham novo sentido quando se justifica que o que jorra em demasia se remete a uma experiência anterior, precoce, traumática e violenta.

Para Mezan (1982), esses dois textos freudianos de 1896 apresentam a versão acabada da "sedutora hipótese da sedução" (p. 37) de Freud. A chamada teoria da sedução explica as neuroses a partir do efeito póstumo de um trauma sexual infantil, conforme já descrevemos anteriormente. Dela decorre a defesa freudiana de que é fundamental acreditar na realidade factual do que contavam os pacientes acerca dos abusos sexuais vividos durante a infância, defesa que cairá por terra alguns anos depois. Nesse momento, experiências sexuais na infância se justificam apenas pela ação de um adulto, já sexual, sobre uma criança, ainda não sexual. Como elucida Mezan (1982) sobre a universalidade de experiências de sedução na causação das neuroses,

> *Este texto mostra quão longe estava Freud de supor a existência da sexualidade infantil: qualquer manifestação sexual antes da puberdade só pode se produzir em função de uma passividade prévia, sendo desencadeada sobre o modelo da sexualidade adulta. Daí a ênfase na irritação dos genitais e o recurso à "teoria da sedução", para explicar o que poderia ser interpretado – e o será mais adiante – como afloramento da sexualidade no período pré-puberal. (p. 39)*

Chegamos assim ao anúncio do que derrubará a teoria da sedução, que teve uma morte precoce na psicanálise de Freud: a sexualidade infantil. Aceleraremos o passo para alcançar o que aqui ainda estava muito longe dos pensamentos do médico vienense. A descoberta da sexualidade infantil revolucionará não apenas a psicanálise nascente, mas também todo o campo de pesquisas humanas, gerando resistências importantes dentro e fora dele. Ao postular a existência da sexualidade nas crianças, o vetor do movimento traumático irá se inverter, como veremos detalhadamente a seguir.

2. A segunda década (1901-1910): da natureza endógena do sexual à significação formativa do trauma; da investigação arqueológica à descrença na Neurótica

Do início das pesquisas freudianas até esse momento, vimos como a sexualidade durante a infância era considerada latente, ou seja, deveria vir à luz apenas no momento da puberdade. Eventuais acidentes poderiam antecipar esse desabrochar, acidentes envolvendo a sedução por parte de um adulto que, com sua sexualidade já ativa, despertaria precocemente a sexualidade na criança.

Os indícios do questionamento de Freud sobre essa concepção exclusivamente acidental da sexualidade infantil estão explícitos já no início de seus "Três ensaios sobre a sexualidade" (1905/2016). Ao longo do texto, vemos Freud duvidar de suas hipóteses anteriores e avançar em uma nova leitura que dá destaque à natureza endógena da pulsão sexual.

Nesses ensaios, a investigação de Freud parte da análise das perversões, iniciando pelas chamadas inversões. De partida, ele nos apresenta o questionamento que acabamos de assinalar.

> *A natureza da inversão não é explicada nem com a hipótese de que seria inata nem com a outra, de que seria adquirida. No primeiro caso, é preciso explicitar o que*

> *nela é inato, a menos que se admita a crua explicação de que um indivíduo nasce com o instinto sexual*[1] *ligado a um objeto sexual determinado. No outro caso, a pergunta é se as muitas influências acidentais bastam para explicar a aquisição, sem que algo na pessoa lhes venha ao encontro. Negar este último fator é impossível, pelo que expusemos anteriormente. (Freud, 1905/2016, p. 28)*

Lemos "algo na pessoa lhes venha ao encontro" e pensamos: o que viria a ser esse algo? É na tentativa de responder a essa pergunta que Freud conceituará as pulsões sexuais infantis como aquilo que desde dentro leva o sujeito a aderir ou não às eventuais influências acidentais com as quais esbarra na vida. Talvez aqui já valha a pena comunicar o que ficará mais claro um pouco mais à frente nesses ensaios. O que leva o pesquisador Freud a refutar sua recém-nascida teoria da sedução é uma constatação clínica, não exatamente de sua clínica apenas, mas também o que ele recolhe de relatos, por meio de colegas e da literatura, sobre pessoas que, embora seduzidas na infância, não desenvolveram nenhum tipo de doença psíquica posteriormente. Ou seja, o abandono se deve em parte à constatada impossibilidade de situar a sedução como causa etiológica dos adoecimentos. Não basta ser seduzido para adoecer. E, assim, resta-nos recuar e voltar a analisar os casos em busca desse algo do indivíduo que participou do desenvolvimento da doença.

---

1 A tradução de Paulo César de Souza, publicada pela editora Companhia das Letras, utiliza instinto sexual para a palavra alemã *Trieb*. Nós escolhemos adotar o termo pulsão, por julgá-lo mais adequado. Assumimos tal liberdade sugerida pelo próprio tradutor em suas notas adicionadas ao início de cada volume das obras completas de Freud (neste volume, nº 6, p. 12). Por essa razão, pedimos ao leitor que, no ponto em que encontrar instinto sexual nas citações em português, entenda que se trata do que nós chamamos aqui de pulsão sexual.

Nesse recuo, Freud topará com uma descoberta que novamente o lança aquém da causa etiológica dos adoecimentos. Como já dissemos, na busca do que vem de dentro e participa no desenvolvimento das neuroses, ele cria o conceito de pulsão sexual. Uma representação psíquica para as excitações somáticas conhecidas pelo pequeno ser humano a partir de seu contato com o mundo, que se dá pelos órgãos dos sentidos.

Contudo, isso que nasce no contato com o mundo não encontra nele sua origem: "É provável que o instinto sexual seja, de início, independente de seu objeto, e talvez não deva sequer sua origem aos atrativos deste" (Freud, 1905/2016, p. 38).

A pulsão sexual tem origem radicalmente endógena, brota desde dentro apoiada nas funções somáticas do organismo. Isso pulsa. Ao afrouxar o vínculo, até então estreito, entre a pulsão sexual e o objeto – o outro –, Freud marca definitivamente o acento intrapsíquico de sua teorização. Os aspectos intersubjetivos, os chamados acidentes, deixam de estar na *caput Nili* de sua neuropatologia e passam de alguma forma para segundo plano, desde o qual irão compor as condições de adoecimento junto ao que é constitucional, interno. Deixemos o autor explicar com suas próprias palavras.

> *Das causas internas falaremos adiante; as ocasiões externas, acidentais, adquirem importância grande e duradoura nessa época. Em primeiro plano está a influência da sedução, que trata a criança como objeto sexual prematuramente e a faz conhecer, em circunstâncias de forte impressão, a satisfação das zonas genitais, que ela então é geralmente obrigada a renovar pela masturbação. Tal influência pode vir de adultos ou de outras crianças; não posso admitir que tenha superestimado, em meu ensaio de 1896, "Sobre a etiologia da histeria", a frequência ou a importância dela, embora*

> *ainda não soubesse então que indivíduos que permanecem normais podem ter tido as mesmas vivências na infância e, por isso, desse maior peso à sedução do que aos fatores oriundos da constituição ou do desenvolvimento sexuais. É evidente que não se requer a sedução para despertar a vida sexual da criança, que esse despertar também pode ocorrer espontaneamente, por causas internas. (Freud, 1905/2016, pp. 97-98)*

Sobre as fontes da pulsão sexual, as lembranças dos adultos acerca de suas infâncias e a observação direta de crianças permitem a Freud notar que as excitações sexuais participam de uma ampla gama de experiências. Excitações mecânicas, atividades musculares, processos afetivos, trabalho intelectual são experiências acompanhadas de excitação sexual. Essa constatação virá justificar, por exemplo, que perturbações nas funções sexuais alterem funções não sexuais do organismo, e vice-versa. Por outro lado, um desenvolvimento saudável das funções gerais do organismo conta também com a participação e influência das pulsões sexuais, satisfatoriamente sublimadas.

Como esperamos já estar claro, a centralidade da sexualidade não perde importância nem espaço nessa segunda década. E, diga-se de passagem, isso não se alterará futuramente; ao sexual é delegado um lugar central na compreensão psicanalítica dos fenômenos. O que se inverte é a origem da sexualidade infantil, de onde ela vem. O que antes vinha de fora e se devia ao acidente da sedução, agora vem de dentro, é inato e, portanto, sua origem é biológica.

A célebre constatação de que a neurose é o negativo da perversão se inaugura nesse texto. Freud defende que a pulsão sexual é perversa em sua natureza, ou seja, parte de zonas erógenas que não se limitam às genitais e vai em busca de satisfação independentemente da satisfação de necessidades biológicas – nutrição e reprodução, por exemplo. A pulsão sexual busca pela satisfação sem considerar proibições ou limites. As manifestações da sexualidade infantil serão caracterizadas por três aspectos essenciais: surgem apoiadas em funções vitais do corpo; não conhecem nenhum objeto sexual, sendo, portanto, autoeróticas; têm sua meta sexual dominada por uma certa zona erógena (Freud, 1905/2016, p. 87).

Partindo de seu caráter perverso polimorfo, a pulsão sexual alcançará sua expressão neurótica após negativar-se por meio de um mecanismo de defesa, o recalcamento. A este cabe a tarefa de construir, aos poucos, diques – vergonha, asco e moralidade – que represam a pulsão sexual, impedindo sua livre circulação por alvos sexuais quaisquer. A neurose, então, seria o resultado da ação do par de opostos: força desmedida da pulsão sexual + severidade da renúncia ao sexual pelo recalcamento. É justamente entre os dois componentes dessa operação que Freud (1905/2016) situa a saída para a doença, "que não resolve o conflito, e sim procura escapar dele mediante a transformação dos impulsos libidinais em sintomas" (p. 62).

Desse modo, a disposição perverso-polimorfa seria algo inato a todos os seres humanos, podendo variar em intensidade e ser acentuada ou atenuada pelas influências do ambiente. As infinitas possibilidades de solução para a operação descrita acima configuram as mais variadas formas de existir e de amar. Dito de outro modo, restrições e elaborações fazem parte do desenvolvimento do psiquismo humano que pode ser impedido de avançar em determinado ponto, o que leva o autor a afirmar que "os neuróticos mantêm o estado infantil de sua sexualidade ou são remetidos de volta a ele" (Freud, 1905/2016, p. 72).

No ano de 1920, em uma breve nota de rodapé adicionada aos "Três Ensaios sobre a teoria da sexualidade", Freud (1905/2016) explicita a sutileza da linha que separa o adoecimento da normalidade, no que se refere à participação da pulsão sexual (p. 118). Ele atribui as diferenças entre o normal e o patológico à intensidade dos componentes da pulsão e ao uso que lhes é dado ao longo do tempo. O destaque econômico, que marca a próxima década na produção freudiana, tem desde 1905 seu valor assinalado na descrição do par de opostos: força da pulsão sexual *versus* intensidade da defesa.

Paremos aqui um instante para sublinhar desde já algo em que pretendemos nos deter algumas décadas adiante: a conexão presente em Freud entre a pulsão e o nosso tema de interesse, o trauma. Esses dois conceitos representam pilares fundamentais do edifício teórico psicanalítico e só podem ser compreendidos em suas devidas complexidades quando articulados um ao outro. Podemos afirmar que é essa articulação que responde pelo aspecto estruturante e constitutivo do traumático. Guardemos com cautela essa proposição, ainda que bastante incompleta, pois ela nos será valiosa daqui a uns anos.

Mas voltemo-nos ao nosso problema de partida - do qual nos desviamos a fim de preparar um solo comum acerca da complexidade que adquire a noção de sexualidade em Freud -, qual seja, o contraponto entre os fatores acidentais (o que vem de fora) e os fatores constitucionais (o que vem de dentro) do adoecimento nesse momento da teorização. Vamos retomar aqui as duas categorias que criamos - traumas que se justificam pelo que vem de fora e traumas que se justificam pelo que vem de dentro.

Como anunciamos no final da primeira década, pretendemos demonstrar como o vetor do acontecimento traumático se inverte a partir da descoberta da sexualidade infantil. O acento dado aos fatores acidentais até 1905 confere certa exterioridade à causalidade da doença. Algo que veio de fora atingiu o sujeito de forma brusca, gerando a neurose. Nessa década, como vimos, o acento recai no "algo que vem de dentro", os aspectos constitucionais se sobressaem e ganham centralidade na cena traumática. Mas o exercício será manter a tensão entre as duas categorias de fatores, sustentando a centralidade da noção de conflito, tão cara à psicanálise nascente.

Para isso, Freud desenvolverá mais adiante a noção de séries complementares. Vejamos como ele acrescenta essa ideia aos seus "Três ensaios sobre a teoria da sexualidade", em um trecho adicionado ao trabalho em 1915.

> *Não é fácil estimar a eficácia relativa dos fatores constitucionais e acidentais.* Na teoria, há sempre a inclinação a superestimar os primeiros; a prática terapêutica enfatiza a importância dos últimos. *De maneira nenhuma se deve esquecer que a relação entre os dois é de cooperação, não de exclusão. O fator constitucional tem de esperar por vivências que o façam entrar em vigor; o acidental precisa apoiar-se na constituição para chegar a ter efeito. Podemos imaginar, para a maioria dos casos, uma "série complementar", em que as intensidades decrescentes de um fator são compensadas pelas intensidades crescentes de outro, mas não temos motivo para negar a existência de casos extremos nas duas pontas da série. (Freud, 1905/2016, p. 167, grifo nosso)*

Propomos que paremos por instantes diante dessa afirmação discreta de Freud. A teoria tende a superestimar os fatores constitucionais e, na clínica, destaca-se a importância dos fatores acidentais. Aqui parece que temos anunciada, de forma sintética, uma oposição que acompanhará a produção freudiana até o final. Ora ele desconfia de sua clínica, provocando o pensamento teórico a avançar a partir de seus pressupostos; ora é a teoria que perde valor diante de fenômenos clínicos que atacam o edifício teórico, retirando elementos de sua base e exigindo reconstruções.

É em uma carta a Fliess, datada de 21 de setembro de 1897 (Masson, 1986, p. 265), que a descrença em suas histéricas será anunciada pela primeira vez. O crescente contato de Freud com casos de histeria o leva a questionar a hipótese etiológica subjacente à teoria da sedução, qual seja, que a histeria seria resultante de um trauma sexual infantil encampado por um adulto perverso, sendo este, na maioria das vezes, o pai da histérica.

Essa chamada etiologia paterna não se sustenta por diversas razões. A primeira e mais evidente apontada por Freud é a inconsistência epidemiológica. Seria preciso muitos pais perversos para tantas histéricas, de modo que a falta de correspondência com a realidade dos números desmonta a veracidade do argumento. Além disso, vale considerar que o homem Sigmund Freud, filho e pai, teria que se haver com afirmações acerca de si mesmo e de seu pai, que lhe seriam insuportáveis caso levasse sua hipótese adiante.

Será a partir da conceituação da fantasia infantil e de seu estatuto que Freud salvará parte de sua teorização, abandonando para isso o trauma sexual como ponto de partida do adoecimento. Contaremos essa parte da história a partir do texto "Meus pontos de vista sobre o papel da sexualidade na etiologia das neuroses" (1906/2016), que vem imediatamente após os "Três ensaios sobre a teoria da sexualidade" (1905/2016) e oficializa o abandono da primeira teoria freudiana sobre o trauma.

O texto propõe que voltemos nossa atenção à complexidade do tema das repercussões das impressões infantis, que, segundo o autor, foi bastante negligenciado até esse momento. Escutemos então suas justificativas:

> *O material ainda escasso daquele tempo me trouxe um número desproporcionalmente grande de casos em que a sedução sexual por parte de um adulto ou de outras crianças maiores tinha relevante papel na*

infância do indivíduo. Superestimei a frequência desses acontecimentos (inquestionáveis, de resto), pois também não estava em condições, naquela época, de distinguir seguramente entre as enganosas recordações infantis dos histéricos e os traços dos eventos reais, e desde então aprendi a explicar muitas fantasias de sedução como tentativas de se defender da recordação da própria atividade sexual (masturbação infantil). Com esse esclarecimento descartou-se a ênfase no elemento "traumático" das vivências sexuais infantis, e restou a compreensão de que a atividade sexual infantil (espontânea ou provocada) prescreve a direção que será tomada pela vida sexual após o amadurecimento. A mesma explicação, que corrigia o mais significativo de meus erros iniciais, também mudaria necessariamente a concepção do mecanismo dos sintomas histéricos. Estes já não se apresentavam como derivados diretos das lembranças reprimidas de vivências sexuais da infância; entre os sintomas e as impressões infantis se intercalavam as fantasias do paciente (lembranças imaginárias) em geral produzidas na puberdade, que se formavam a partir e em cima das recordações infantis, por um lado, e se transformavam diretamente nos sintomas, por outro lado. Apenas com a introdução desse elemento das fantasias histéricas tornou-se clara a trama da neurose e sua relação com a vida do paciente; também se verificou uma surpreendente analogia entre essas fantasias inconscientes dos histéricos e as invenções que na paranoia se tornam conscientes sob a forma de delírios.

Após essa correção, os "traumas sexuais infantis" foram como que substituídos pelo "infantilismo da sexualidade". Não estava longe uma segunda mudança na teoria

> *original. Junto com a suposta frequência da sedução infantil descartou-se também a ênfase excessiva nas influências* acidentais *sobre a sexualidade, às quais eu quis atribuir o papel principal na causação da enfermidade, sem negar os fatores constitucionais e hereditários. (Freud, 1906/2016, pp. 353-354)*

Fica explícita nessa longa passagem a tentativa de reequilibrar o peso dos fatores acidentais e constitucionais na etiologia das neuroses. Não importavam mais as excitações às quais a criança foi exposta, e sim como ela reagiu a essas vivências. Se ela respondeu ou não a essas experiências defendendo-se por meio do recalcamento e quão severa foi essa operação.

Cabe aqui esclarecer algo. Tanto na primeira teoria sobre a etiologia das neuroses quanto na segunda, a formação dos sintomas se deve, de alguma forma, à maneira como o sujeito reagiu a determinada experiência. Ou seja, a ressignificação do vivido é a responsável pela configuração de uma experiência traumática em ambas as construções teóricas que apresentamos. Ainda que o acento da teoria da sedução recaia sobre o acidental, é a operação do psiquismo, a construção de uma fantasia sobre esse acidente, que lhe concederá seu efeito traumático. Recorremos a autores contemporâneos para nos auxiliar a clarear esse raciocínio.

> *Com efeito, podemos observar que, mesmo na teoria da sedução, o trauma só se constitui, enquanto tal, no momento em que impressões registradas anteriormente sofrem um processo de ressignificação. Ora, entendemos que esse processo de ressignificação não é outra coisa senão a construção de uma fantasia. Diríamos, pois, que a diferença entre um momento e outro da obra do Freud não é a presença ou ausência da ideia de fantasia,*

> *mas a caracterização da fonte da fantasia. Na teoria da sedução, o fundamento da fantasia é o fato real do atentado sexual, ao passo que na teorização subsequente seu fundamento será a sexualidade infantil e seu substrato pulsional. (Melo & Ribeiro, 2006, p. 36)*

Na segunda teoria, a fonte da fantasia passa a ser a sexualidade infantil. Logo, a fantasia de sedução se deverá não mais à vivência factual de uma experiência de sedução, mas à atividade da pulsão sexual. Sendo a sexualidade infantil originalmente perverso-polimorfa, as perversões e neuroses denunciariam um infantilismo da pulsão sexual cujo desenvolvimento teria ficado fixado em um dos estágios pelos quais todas as crianças necessariamente passam. Assim, os sintomas representariam uma atividade sexual dos neuróticos, e a sexualidade, em sua forma infantil, mantém centralidade na etiologia das neuroses.

Para salientar a articulação entre a atividade sexual infantil e o traumático, recorreremos a um texto de Karl Abraham (1907/1979), aluno fiel de Freud, escrito no ano seguinte, "The experience of sexual traumas as a form of sexual activity".[2] Abraham se refere ao texto de 1906, que acabamos de acompanhar, como aquele em que Freud inverte a etiologia neurótica. Com isso, o trauma sexual passa a ter papel secundário na causação das neuroses, e a constituição psicossexual anormal ganha destaque. Devido a essa anormalidade, os pacientes "produziriam" traumas sexuais em suas anamneses (Abraham, 1907/1979, p. 48). O eixo de sua argumentação será a presença da atividade sexual das crianças nas situações traumáticas.

2 "Os traumatismos sexuais como forma de atividade sexual infantil" (tradução nossa).

Para apresentar seu argumento, Abraham divide as situações clínicas em dois grupos, um deles composto por crianças que foram complacentes às investidas sexuais do adulto e o outro em que as crianças não foram complacentes. A partir dessa divisão, ele tenta sustentar a tese de que as crianças que se traumatizam, e posteriormente desenvolvem neuroses, são aquelas que foram complacentes às investidas sexuais do adulto. Essa divisão sublinha o papel da atividade, do desejo inconsciente e da intencionalidade no traumatismo. Segundo o autor, a culpa sentida pela criança complacente à sedução se justifica pelo seu investimento libidinal prévio na figura do sedutor. Tal culpa é inferida a partir do silenciamento da criança sobre a situação. Para Abraham, é por estar culpada que a criança não busca um adulto de confiança para falar sobre o que lhe aconteceu.[3]

Assim, o trauma sexual supõe o desejo inconsciente da criança e representaria uma expressão masoquista do impulso sexual, ou seja, uma forma de atividade sexual infantil. A sexualidade das crianças que posteriormente sucumbem à neurose era anormal, um desenvolvimento sexual precoce somado a um excesso quantitativo da pulsão sexual, o que justificaria a presença de questões sexuais em quantidade elevada na imaginação dessas crianças. A cisão na consciência, característica do adoecimento neurótico, teria como condição a atitude responsiva da criança às investidas sexuais por parte dos adultos ou de crianças mais velhas.

---

3 Essa compreensão que inclui um terceiro personagem na composição da cena traumática nos parece antecipar, de alguma forma, a discussão levada a cabo por Sándor Ferenczi sobre o papel do testemunho na configuração dos traumatismos – embora a perspectiva adotada por Karl Abraham, que enfatiza a criança e sua culpa, seja diferente daquela desenvolvida por Ferenczi, que dará relevo ao papel do adulto em construir a confiança necessária para acolher o testemunho da criança acerca da violência que viveu. De toda forma, vemos, em ambas as construções explicativas, a inclusão de um terceiro elemento e a atenção voltada ao ato de "confissão" da criança e de "testemunho" do adulto.

O professor Freud recebe essas ideias com entusiasmo, como atesta a carta enviada por ele a Abraham no dia 26 de novembro de 1907, na qual lemos o seguinte:

> *Li com satisfação seu excelente trabalho e, tendo reconhecido as bases de sua ideia fundamental, eu posso agora elogiar particularmente a clareza com a qual você apresenta as diferenças nas concepções de traumatismos das crianças, a relação entre prazer, silêncio e sentimento de culpa, e outras coisas semelhantes. À sua descrição da anormalidade das crianças que se tornam posteriormente neuróticas (aumento quantitativo da libido, precocidade, proliferação de fantasias), eu gostaria de acrescentar como elemento essencial a existência de uma forte inclinação ao recalcamento, caso contrário teremos realmente canalhas e não neuróticos. O destaque desse par de opostos, presente em grau excessivo e de forma conflituosa, parece-me o mais recente nos resultados da análise. (Freud & Abraham, 1965/2006, p. 43, tradução nossa)*

Freud chama a atenção de Abraham para a importância do par de opostos. Ao lado da atividade infantil, é fundamental situar a ação do recalcamento, que, segundo ele, discriminaria os "canalhas" dos neuróticos. O mecanismo de defesa é qualificado como elemento essencial na formação das neuroses, apontando novamente para o acento dado ao "que vem dentro" – o intrapsíquico – nessas teorizações.[4]

4 Essa leitura acompanha as proposições de Luís Claudio Figueiredo e Nelson Coelho Jr. (2018) que situam parte da psicopatologia freudiana na matriz de adoecimentos por ativação, patologias como resultado da ativação excessiva de defesas. Remeto o leitor interessado em aprofundar essa discussão ao livro

Nossa atenção foi fisgada também por outra proposição contida no final do texto de Abraham que, embora não tenha sido comentada por Freud em suas correspondências, parece-nos preciosa. Ela diz respeito precisamente ao lugar destinado aos traumatismos na nova teoria etiológica das neuroses. Vejamos:

> *O traumatismo sexual infantil não ocupa um papel etiológico na histeria e na demência precoce. A vivência de traumatismos deste tipo indica, antes, que a criança já tem uma disposição para a neurose ou psicose mais adiante na vida. Ao invés de uma significação etiológica, o traumatismo sexual infantil passa a ter uma significação formativa, e nós podemos compreender como isso é capaz de estabelecer um curso definitivo para a doença subsequente e determinar o caráter individual de vários sintomas. (Abraham, 1907/1927, p. 62, tradução nossa)*

Essa proposição nos parece digna de nota; os traumas sexuais não têm mais um papel etiológico nas neuroses, e sim uma significação formativa. Traumas sexuais deixam de ser a causa e passam a dar forma aos adoecimentos. Ao dar forma a um modo de funcionar, a experiência traumática pode ser determinante na maneira como o sujeito se relaciona com o mundo e atribui sentido a suas experiências posteriores. Essa afirmação parece ser fundamentalmente importante para nos auxiliar na tarefa de localizar o lugar dos traumatismos nos adoecimentos psíquicos a partir do abandono da teoria da sedução.

Adoecimentos psíquicos e estratégias de cura: matrizes e modelos em psicanálise, de Luís Claudio Figueiredo e Nelson Ernesto Coelho Junior (2018).

Tentaremos avaliar a efetividade dessa proposição na evolução da teoria freudiana sobre o trauma, acompanhando alguns textos e um caso clínico apresentado por Freud na sua próxima década produtiva. Veremos que presença essa reformulação teórica terá na escuta do analista vienense.

3. A terceira década (1911-1920): dos pontos de fixação à verdade pré-histórica; da interpretação ao elogio à paciência

Em 1913, Freud escreve um texto que resgata e tenta fazer avançar questões presentes no início de sua investigação sobre os adoecimentos psíquicos: a polêmica escolha da neurose. O texto intitulado "A predisposição à neurose obsessiva – Contribuição ao problema da escolha da neurose" (1913/2010) versa acerca do aspecto disposicional presente na escolha por uma ou outra forma de adoecer. A ideia trabalhada por Abraham, apresentada há pouco na década anterior, sobre a significação formativa do trauma, nos inspira a resgatar o debate acerca dessa complexa escolha.

A disposição será esclarecida a partir da concepção de que o desenvolvimento psicossexual avança deixando cicatrizes permanentes, às quais Freud dá o nome de pontos de fixação. Como adianta James Strachey (1969a/1996), essa discussão propõe a ideia de uma nova cronologia:

> *O complicado processo de desenvolvimento sexual sugerira uma nova versão da teoria cronológica; a noção de uma sucessão de possíveis "pontos de fixação", nos quais esse processo está sujeito de ser detido e aos quais*

> *uma regressão se pode realizar, se são encontradas dificuldades na vida posterior. (p. 339)*

As cicatrizes se devem a inibições no desenvolvimento, que geram os pontos de fixação, cuja razão deveria ser dada pela biologia. Novamente, como em diversos outros momentos da obra freudiana, vemos o autor diante de um enorme desafio epistemológico. Como pensar o que gera a fixação em um ponto ou em outro sem necessariamente explicar as origens a partir de outro campo de saber – a biologia? Como resolver, no constructo teórico psicanalítico, a pergunta: a que se devem as cicatrizes que as análises dos neuróticos não cessam de nos apresentar?

Se, em um primeiro momento, Freud delega à biologia a tarefa de esclarecer as disposições, não muito adiante ele ensaia respostas a partir da própria psicanálise. As explicações se relacionam a certa ideia de temporalidade. Quando algo se adianta no desenvolvimento psicossexual, outro algo fica impedido de se desenvolver.

> *Um dos componentes da função sexual teria se adiantado aos outros no desenvolvimento, teria se tornado prematuramente autônomo e se fixado, escapando assim aos processos de desenvolvimento posteriores, mas também dando prova de uma constituição especial, anormal, da pessoa. Sabemos que tal perversão infantil não continua necessariamente por toda a vida, pode sucumbir depois à repressão, ser substituída por uma formação reativa ou ser transformada por uma sublimação. (Freud, 1919/2010, p. 297)*

Se aceitamos essa solução, poderíamos agora arriscar uma resposta à pergunta que Freud faz a Fliess na carta que abre nosso trabalho: "Quando é que uma pessoa fica histérica, em vez de paranoide?" (Masson, 1986, p. 391). A resposta escandalosamente simples seria: na tenra infância, na qual, a depender das experiências, determinado componente da função sexual se adiantou, ficando, às custas de sua pressa, impermeável aos processos de desenvolvimento posteriores. Seriam essas experiências, que apressam o desenvolvimento, o abrigo para o novo lugar do traumático na teorização freudiana?

Como já dito, não se trataria mais do trauma como fator etiológico, determinando a saída pela neurose ou pela saúde. O traumático irá atuar na determinação do tipo de adoecimento. Estaríamos assim associando a significação formativa do trauma à escolha da neurose. Ao seguir essa linha argumentativa, aceitaríamos que o evento traumático ativaria a inibição em um ponto ou outro de fixação a depender de suas características. Escolher essa justificativa está longe de ser simples, e talvez ainda não tenhamos elementos suficientes para sustentá-la. Propomos que a guardemos em forma de pergunta, enquanto continuamos avançando na problemática a partir de outro vértice.

Não podemos negligenciar o que Freud preserva como o mais valioso à sua teorização – a centralidade do conflito, o par de opostos. Não é possível pensar apenas no desenvolvimento psicossexual para esclarecer os adoecimentos. A equação só se completa ao acrescentarmos a ação do recalcamento, e os motivos dessa ação, para Freud, não são sexuais.

> *A teoria psicanalítica, que é baseada na observação, sustenta com firmeza que os motivos da repressão não podem ser sexualizados. O núcleo do inconsciente psíquico é formado pela herança arcaica do ser humano, e sucumbe ao processo de repressão tudo o que dela tem de ser deixado para trás, no progresso para fases posteriores de desenvolvimento, por ser inconciliável*

> *com o novo ou prejudicial a ele. Esta seleção é mais bem-sucedida num grupo de instintos do que no outro. Esses últimos, os instintos sexuais, conseguem baldar o intento da repressão, em virtude de condições especiais já várias vezes apontadas. E fazer-se representar por formações substitutivas perturbadoras. Daí a sexualidade infantil submetida à repressão ser a principal força motriz na formação de sintomas, e a parte essencial de seu conteúdo, o complexo de Édipo, ser o complexo nuclear da neurose. (Freud, 1919/2010, p. 327)*

A seleção do que será recalcado é tarefa da instância egoica. Logo, ao lado do desenvolvimento da libido, é preciso analisar o desenvolvimento do Eu. À medida que a pulsão sexual avança e se complexifica exigindo novas satisfações, o Eu também se desenvolve operando e aprimorando as estratégias de defesa. Temos aqui uma nova roupagem do par de opostos: pulsões sexuais *versus* pulsões do Eu.

Essa seleção é parte fundamental da construção dos sentidos atribuídos às experiências de vida; o Eu é o responsável pela construção das formas dadas às experiências. A ele cabe a árdua função de bordear a força imperiosa da sexualidade infantil, indicando os caminhos da formação dos sintomas.

> *Sabemos que a predisposição histórica para uma neurose é completa somente quando se considera tanto a fase de desenvolvimento do Eu, em que sobrevém a fixação, como a do desenvolvimento da libido. . . . Os estágios de desenvolvimento dos instintos do Eu nos são pouco conhecidos até agora; sei apenas de uma tentativa promissora de aproximar tais questões, por parte de Ferenczi. (Freud, 1913/2010, p. 335)*

O trabalho de Ferenczi ao qual Freud se refere elogiosamente é o artigo "O desenvolvimento do sentido de realidade e seus estágios", produzido pelo analista húngaro neste mesmo ano, 1913. Nele, Ferenczi descreve o desenvolvimento do Eu em fases, nas quais a onipotência vai paulatinamente cedendo espaço a outros modos de funcionamento, permitindo assim a passagem – sempre parcial – do Princípio do Prazer para o Princípio da Realidade. O êxito ou não dessa passagem – ou seja, o quanto ela poderá avançar, ainda que nunca se complete – depende absolutamente do que virá do ambiente, nos dois sentidos. É o que vem de fora que sustenta e/ou barra a experiência onipotente de contato com o mundo. Cabe precisar que onipotência é aqui definida como "a impressão de ter tudo o que se quer e de não ter mais nada a desejar" (Ferenczi, 1913/1992, p. 48).

Nessa leitura, o mais alto ponto da experiência onipotente aconteceria ao humano durante a vida intrauterina. Dentro do ventre materno, o feto recebe sem qualquer esforço tudo de que necessita para sobreviver. Após o nascimento e à medida que o desenvolvimento avança, a complexidade exuberante adquirida pelos desejos da criança torna a realização onipotente cada vez mais difícil e exige do Eu cada vez mais trabalho.

> *O desenvolvimento do sentido de realidade apresenta-se em geral como uma série de sucessivos impulsos de recalcamento, aos quais o ser humano é forçado pela necessidade, pela frustração que exige a adaptação, e não por "tendências para a evolução" espontâneas. O primeiro grande recalcamento torna-se necessário pelo processo do nascimento que, com toda certeza, faz-se sem colaboração ativa, sem "intenção" por parte da criança. O feto preferiria muito permanecer ainda na quietude do corpo materno, mas é implacavelmente*

> *posto no mundo, deve esquecer (recalcar) seus modos de satisfação preferidos e adaptar-se a outros. O mesmo jogo cruel repete-se a cada novo estágio do desenvolvimento. (Ferenczi, 1913/1992, pp. 59-60)*

A esse parágrafo bastante elucidativo, Ferenczi (1913/1992) acrescenta a seguinte nota de rodapé:

> *Se seguirmos este raciocínio até o fim, será preciso considerar a existência de uma tendência para a inércia ou para a regressão, dominando a própria vida orgânica; a tendência para a evolução, para a adaptação, etc. dependeria, pelo contrário, unicamente de estímulos externos. (p. 60)*[1]

O recalcamento – ação a que se deve o nascimento da instância egoica – depende inicialmente de estímulos externos. A experiência de necessidade é o que produz o recalcamento, e, quando essa necessidade é sentida precocemente, o que vemos é uma interrupção do desenvolvimento. Para ilustrar essa hipótese, Ferenczi (1913/1992, p. 49) descreve a seguinte situação: o feto humano que, devido a alguma perturbação na saúde da mãe ou do cordão umbilical, experimenta a necessidade antes da hora, será forçado a tentar

1 Como aponta Luís Claudio Figueiredo (1999) em seu livro *Palavras cruzadas entre Freud e Ferenczi*, essa curta nota de rodapé antecipa em alguns anos a teorização freudiana da pulsão de morte, apresentada em 1920, em *Além do princípio do prazer*. Nesse livro, encontramos, outra vez em nota de rodapé, a citação dessa nota de Ferenczi, na qual Freud alega que o húngaro chegou às mesmas conclusões que as suas, por outras vias. A partir disso, Luís Claudio Figueiredo faz a corajosa e, a nosso ver, genial hipótese – em apêndice acrescentado à sua nota de rodapé – de que poderíamos ler *Além do princípio do prazer* como uma extensíssima nota de rodapé a essa nota ferencziana (Figueiredo, 1999, pp. 158-159).

modificar o seu mundo externo. Poderá tentar, por exemplo, inspirar o líquido amniótico em caso de se sentir sufocado e privado dos elementos fundamentais à sua sobrevivência. Tal ação terá, evidentemente, consequências graves para seu desenvolvimento posterior.

No que se refere à escolha da neurose, já vimos que a aceleração do desenvolvimento do Eu exige a escolha objetal antes da hora, antes do desfecho edípico, e isso faz com que a escolha seja feita sob a égide de alguma fase anterior do desenvolvimento libidinal. A essa ideia freudiana, Ferenczi (1913/1992) acrescenta algo importante:

> *De acordo com a nossa hipótese, o* teor em desejos *da neurose, ou seja, os modos e objetivos eróticos que os sintomas representam como consumados, dependem da fase em que se encontrava o* desenvolvimento da libido *no momento da fixação; quanto ao* mecanismo das neuroses, *é provavelmente determinado pelo estágio do* desenvolvimento do ego *em que o indivíduo se encontrava no momento da inibição predisponente. Aliás, pode-se imaginar que o estágio evolutivo do sentido de realidade predominante no momento da fixação ressurja nos mecanismos da formação de sintomas, quando ocorre uma regressão da libido para estágios anteriores. E como o ego atual do neurótico não compreende esse modo antigo de "prova de realidade", nada impede que tal modo seja colocado a serviço do recalcamento e sirva para representar os complexos de pensamentos e afetos censurados. De acordo com essa concepção, a histeria e a neurose obsessiva, por exemplo, seriam caracterizadas, por um lado, pela regressão da libido a estágios anteriores da evolução (autoerotismo, edipismo); por outro, no que se refere aos* seus mecanismos, *por*

> *um retorno do sentido de realidade ao estágio dos* gestos mágicos (conversão) *ou dos* pensamentos mágicos (onipotência do pensamento). *(pp. 58-59)*

A inclusão dessa problemática do Eu e da progressão do sentido de realidade proposta por Ferenczi – e legitimada por seu mestre, Freud – traz novamente o aspecto intersubjetivo às discussões. Os diversos estágios do sentido de realidade propostos por Ferenczi dependem intimamente de outro ser humano que sustente para a criança a cota de onipotência correspondente a cada um deles. Assim como o período da onipotência incondicional, representado pela vida dentro do ventre materno, depende da saúde da mãe, o período dos gestos mágicos, por exemplo, só se legitima se um outro atento e cuidadoso interpreta e realiza magicamente o desejo da criança expresso por meio de seu gesto. Vemos aqui esboçados caminhos para além das explicações puramente biológicas acerca de como a experiência de necessidade pode ser atravessada de modo a contribuir ou atrapalhar o desenvolvimento do sentido de realidade.

No caso do bebê, por exemplo, que tem suas necessidades atendidas satisfatoriamente pelo adulto, a ilusão onipotente de realização mágica dos anseios se concretiza, permitindo o domínio do Princípio do Prazer. Concomitantemente, tal ilusão é gradativamente contrariada pelas imposições da realidade, na medida em que o adulto também o frustra. Quando o ambiente, representado nesse momento pelo adulto cuidador, nega ao bebê a experiência da realização alucinatória dos seus anseios, introduz a ele o desprazer. É na alternância entre essas duas situações que a instauração do Princípio de Realidade, em oposição ao Princípio de Prazer, vai aos poucos se tornando possível. Logo, a qualidade dos cuidados ambientais – aquilo que vem de fora ao encontro das necessidades do pequeno ser humano – é condição determinante para a conquista do acesso à realidade compartilhada.[2]

Nesse sentido, resgatando nosso objeto de estudo, poderíamos pensar que o trauma inclui, obrigatoriamente, uma experiência extrema de necessidade[3] vivenciada precocemente? Essa concepção, que ganhará expressão máxima na teoria ferencziana do trauma, já se esboça nesse momento da teoria freudiana. O que fixa a libido a um modo de experiência é a falta ou o excesso do que vem de fora, e expõe o sujeito a alguma apreensão radical da necessidade, do seu total desamparo. Vemos como o abandono da primeira teoria freudiana do trauma se realiza deixando restos, que podem ser valiosos para nossa investigação se nos detivermos a rastreá-los.

A problemática do desamparo inevitável do ser humano e seu papel nos traumatismos aponta também para a ênfase do aspecto econômico do trauma, que virá com toda força na década seguinte, mas já faz sua presença nesse momento. Contamos novamente com a paciência do leitor – sabemos que é preciso avançar para que a relação entre desamparo e trauma possa ser sustentada diante das críticas que possivelmente se construíram em seus raciocínios. Solicitamos que aceitem nossa frouxa argumentação sob a promessa de resgatar esses fios frouxos e atá-los melhor em breve. Por

---

2 Essa compreensão do desenvolvimento do psiquismo e do acesso à realidade, que apresentamos aqui a partir do texto de Ferenczi de 1913, está anunciada no texto freudiano de 1911, "Formulações sobre os dois princípios do funcionamento psíquico". Em uma famosa nota de rodapé, Freud justifica o domínio do princípio de prazer com a consideração do cuidado materno, que, ao permitir ao bebê a satisfação alucinatória de seus anseios, autoriza-o a negligenciar a realidade externa (Freud, 1911/2010, p. 112).

3 Se nos fosse exigido caracterizar, para além das ilustrações que oferecemos, que necessidades são essas, diríamos que são exigências de negociação, mediação possíveis a partir de respostas ambientais "antitraumáticas". Respostas que auxiliem a intermediar as experiências excessivas de presença (invasões) e ausências (abandonos).

enquanto, vejamos como uma descrição puramente econômica do que é trauma pode se encaixar nessa ideia da experiência extrema de necessidade.

> *Mas em um ponto podemos destacar uma concordância total: as neuroses traumáticas dão nítidos sinais de que, em sua base, está uma fixação no momento do acidente traumático. Nos sonhos, os que dela sofrem revivem regularmente a situação traumática; nos casos em que ocorrem ataques histéricos passíveis de análise, o que se descobre é que a esse ataque corresponde a completa transposição do doente para aquela situação. É como se esses doentes jamais tivessem superado a situação traumática, ou seja, como se essa tarefa ainda se apresentasse diante deles, atual e intacta, e nós tomamos essa concepção muito seriamente: ela nos mostra o caminho para uma consideração dos processos psíquicos a que podemos chamar de* econômica. *Com efeito, a expressão "traumática" não tem outro sentido que não esse, econômico. Chamamos assim a uma vivência que, em curto espaço de tempo, traz para a vida psíquica um tal incremento de estímulos que sua resolução ou elaboração não é possível da forma costumeira, disso resultando inevitavelmente perturbações duradouras no funcionamento da energia. (Freud, 1917a/2010, pp. 366-367)*

Freud afirma categoricamente que o trauma gera uma fixação. O sujeito se encontra, nos momentos de crise, ininterruptamente diante das exigências da situação traumática que se fazem sempre atuais. Se entendermos que a energia a que Freud se refere é a energia sexual, nos veremos lançados mais uma vez aos pontos de fixação no desenvolvimento psicossexual. Experiências traumáticas que aprisionam a energia sexual a um determinado modo de funcionamento, sempre atual, e para o qual não há elaboração possível por meio dos caminhos já conhecidos. O destino dessas experiências dentro do psiquismo será manterem-se isoladas, bloqueando qualquer influência das demais experiências da vida.

> *Nesses sintomas da neurose obsessiva, nessas ideias e impulsos que surgem não se sabe de onde, comportam-se de maneira resistente a toda influência da vida psíquica de resto normal, dando ao próprio doente a impressão de serem hóspedes poderosos oriundos de um mundo estranho, imortais que se intrometeram no torvelinho dos mortais – nisso, pois, é necessário reconhecer que se encontra a indicação mais nítida de um domínio especial, apartado do restante da vida psíquica. (Freud, 1917a/2010, p. 371)*

Hóspedes imortais habitantes de um mundo estranho que coexiste com o restante do psiquismo, apartado dele. Hóspedes radicalmente resistentes a qualquer tentativa de contato, a qualquer investimento de vida representam um desafio enorme à clínica psicanalítica. Vejamos como Freud propõe que o analista atue no manejo com esses conteúdos psíquicos apartados. De saída, ele elimina o trabalho sugestivo como alternativa.

> *Há saberes e saberes, ou seja, diversos tipos de saber, e eles não se equivalem do ponto de vista psicológico.* Il y a *[Existem]* fagots et fagots, *lê-se em uma passagem de Molière. O saber do médico não é o mesmo que o saber do doente, nem pode surtir os mesmos efeitos. Quando o médico, mediante uma comunicação, transmite seu*

> *saber ao doente, isso não tem nenhuma consequência. Não, seria incorreto dizê-lo dessa forma. A consequência não é a eliminação dos sintomas, e sim outra: a de pôr em marcha a análise, e seus primeiros indícios são, muitas vezes, manifestações de desacordo do paciente. O doente fica sabendo alguma coisa que até então não sabia – o sentido do sintoma – e, no entanto, sabe-o tão pouco quanto antes. Assim, descobrimos que há mais de um tipo de ignorância. Certo aprofundamento de nossos conhecimentos psicológicos se faz necessário para que possamos mostrar no que consistem as diferenças. Mas permanece correta nossa tese de que os sintomas desaparecem a partir do saber acerca de seu sentido. Basta acrescentarmos que esse saber deve se basear em alguma modificação interior do doente, que pode ser provocada por um trabalho psíquico com uma meta determinada. Estamos aqui diante de problemas que logo serão reunidos numa* dinâmica *da formação de sintomas. (Freud, 1917a/2010, pp. 375-376)*

A modificação interna a que o trecho citado se refere depende da experiência da transferência, a partir da qual algo do passado é revivido no presente junto ao analista. Isso tem relação com a destinação do sintoma. Ele visa a alguma coisa e, quando se reproduz na relação analítica, permite que essa coisa seja vislumbrada. O sentido do sintoma reúne sua procedência – as experiências que o provocaram – e sua destinação – o propósito ao qual ele serve. Freud considera, para o trabalho analítico, a destinação do sintoma mais importante do que sua procedência. Isso porque a destinação seria um processo necessariamente inconsciente, que pode ter sido consciente e ter sofrido ação do recalcamento, mas pode também nunca ter ascendido à consciência.

Ele aposta que a tendência do sintoma, aquilo a que o sintoma se destina, guarda a fundamental dependência do inconsciente. Dependência esta responsável pela manutenção da sintomatologia e pelo seu difícil acesso à consciência. Tais construções metapsicológicas exigem de Freud novas estratégias clínicas. Uma nova técnica analítica, centrada na experiência da transferência, será proposta em seu texto "Recordar, repetir e elaborar", de 1914.

A descoberta central anunciada no título do trabalho decorre das construções metapsicológicas que acabamos de expor: a sintomatologia se repete na transferência. A repetição rouba a cena analítica restringindo a presença das recordações. Freud discute os impasses a que o analista é lançado nessa nova perspectiva e defende que o trabalho se centre na sustentação das repetições em transferência e na cuidadosa recondução dos fenômenos repetidos ao passado, de que ponto vieram. Disso decorre que não há transcurso suave nesse trabalho.

> *é lícito afirmar que o analisando não recorda absolutamente o que foi esquecido e reprimido, mas sim o atua. Ele não reproduz como lembrança, mas como ato, ele o repete, naturalmente sem saber o que faz. . . . Enquanto ele permanecer em tratamento, não se livrará desta compulsão de repetição; por fim compreendemos que este é seu modo de recordar. (Freud, 1914/2010, pp. 199-201)*

Considerar a repetição um modo de recordar implica acolher o que vem do paciente de um novo jeito. Se lembrarmos do que vimos acontecer na primeira década entre Freud e Breuer e suas histéricas, veremos quão distantes eles estavam ali de poder conceber esse tipo de manejo. As repetições de Anna O não apenas não eram bem-vindas, como eram ativamente impedidas por meio de sugestões enfáticas do doutor Breuer. Nessa análise inaugural, eliminar os sintomas era prioridade máxima e não havia tempo a perder. Por isso, ao descobrir o sentido dos sintomas e comunicá-lo à paciente, o médico acreditava tê-los eliminado definitivamente. É justamente a crença na efetividade desse método, a sugestão, que Freud está explicitamente atacando nesse momento. Ao analista é atribuída a tarefa de voltar sua atenção máxima à transferência e tratar as afecções desde dentro da experiência, junto ao paciente, reconduzindo-as ao passado. A doença deixa de ser um "assunto histórico" (Freud, 1914/2010, p. 202), e sua atualidade no aqui e agora das sessões é reconhecida e autorizada.

> *No entanto, o principal meio de domar a compulsão de repetição do paciente e transformá-la num motivo para a recordação está no manejo da transferência. Tornamos essa compulsão inofensiva, e até mesmo útil, ao reconhecer-lhe o seu direito, ao lhe permitir vigorar num determinado âmbito. Nós a admitimos na transferência, como numa arena em que lhe é facultado se desenvolver em quase completa liberdade, e onde é obrigada a nos apresentar tudo o que, em matéria de instintos patogênicos, se ocultou na vida psíquica do analisando. Quando o paciente se mostra solícito a ponto de respeitar as condições básicas do tratamento, conseguimos normalmente dar um novo significado de transferência a todos os sintomas da doença, substituindo sua neurose ordinária por uma neurose de transferência, da qual ele pode ser curado pelo trabalho terapêutico. Assim, a transferência cria uma zona intermediária entre doença e vida, através da qual se efetua a transição de uma para a outra. O novo estado assumiu todas as características da doença, mas representa uma enfermidade*

> *artificial, em toda parte acessível à nossa interferência. (Freud, 1914/2010, p. 206)*

Aqui vemos surgir pela primeira vez a ideia de compulsão à repetição, fundamental para nossa discussão sobre o trauma, que será largamente desenvolvida a partir de 1920. É interessante perceber a benevolência de Freud com as repetições. Embora elas sinalizem resistência por parte do paciente, a indicação é que essa resistência seja acolhida. Afinal, se entendemos que o trabalho deve alcançar aqueles "hóspedes imortais" resistentes a quaisquer investidas, não podemos supor que o caminho possa avançar sem obstáculos. Quanto maior a resistência do paciente, maior a substituição do recordar pelo repetir e mais exigente é a tarefa do analista se quiser alcançar o trabalho de elaboração.

> *Na prática, essa elaboração das resistências pode se tornar uma tarefa penosa para o analisando e uma prova de paciência para o médico. Mas é a parte do trabalho que tem o maior efeito modificador sobre o paciente, e que distingue o tratamento psicanalítico de toda influência por sugestão. Teoricamente pode-se compará-la com a "ab-reação" dos montantes de afetos retidos pela repressão, [ab-reação] sem a qual o tratamento hipnótico permanecia ineficaz. (Freud, 1914/2010, p. 209)*

Vemos a defesa de um trabalho analítico no qual a paciência é fundamental. A doença só pode se alterar caso o analista consiga viver a experiência e falar com seu paciente de um modo que corresponda à sua realidade interior, da qual o analista passa a fazer parte. Desde dentro, então, o analista poderia regressar junto com o paciente ao momento de surgimento do sintoma e transformar o desfecho patológico que tal situação teve no passado. Uma nova maneira de conceber o trabalho de ab-reação, muito mais complexa do que a proposta pelo método catártico. De alguma forma, podemos afirmar que a elaboração ocupa no tratamento psicanalítico o lugar que cabia à ab-reação no método catártico. Novamente, como é comum na obra de Freud, restos aparentemente abandonados retornam de forma mais complexa e integrada.

Para fecharmos essa década, propomos agora que voltemos a acompanhar de perto a prática clínica do doutor Freud. Vejamos como esses operadores clínicos desenvolvidos por ele estiveram – ou não – presentes no seu trabalho com o célebre "Homem dos Lobos". Trata-se do caso clínico mais extenso e completo publicado por Freud e representa, segundo Strachey (1969b/1996, p. 17), a evidência conclusiva da existência da sexualidade infantil. Serguéi Constantinovitch Pankejeff foi paciente de Freud por quatro anos, entre 1910 e 1914. O material apresentado no texto "História de uma neurose infantil", embora tenha sido produzido em 1914, foi publicado apenas em 1918.[4]

Atravessaremos esse trabalho com a atenção dirigida prioritariamente à tentativa de responder duas perguntas: i) De que maneira a centralidade da transferência no trabalho analítico e a atenção às repetições estão presentes na escuta de Freud? ii) Como as suas concepções sobre os pontos de fixação do desenvolvimento psicossexual e o desenvolvimento precoce do Eu se apresentam nesse caso?

Serguéi é apresentado como um jovem russo gravemente doente, completamente dependente e incapacitado. À sua excessiva indulgência, soma-se certa apatia. É notável sua propensão a assumir

---

4 Não será nosso intuito explorar profundamente esse trabalho. Para uma análise crítica aprofundada da relação entre Freud e o Homem dos Lobos, remetemos o leitor interessado no tema ao trabalho recente de Daniel Kupermann (2019), publicado no primeiro capítulo de seu livro *Por que Ferenczi?*

uma posição submissa diante de figuras de autoridade. Esse traço é perceptível não apenas pelo seu histórico de relações, mas também pelo que lemos acerca da relação entre ele e seu analista. Em diversos momentos do relato, vemos descrições que destacam o descompasso entre a sofisticação das capacidades intelectuais do paciente e a irracionalidade com que ele lidava com sua vida emocional em suas relações. A Freud não escapou a dificuldade e gravidade do caso; de partida, ele afirma: "em casos assim ele [o analista] deve se comportar de maneira tão 'atemporal' quanto o inconsciente mesmo, se quiser aprender e alcançar algo" (Freud, 1918[1914]/2010, p. 18).

Contudo, essa indicação parece não ter permanecido operante nas ideias do doutor. Diante da ferrenha resistência encontrada por ele nessa análise, Freud decide lançar mão de uma ousada estratégia: limitar o tempo da análise, estipulando-lhe um término.

> *Seu receio de uma existência autônoma era tão grande que sobrepujava todos os tormentos da doença. Para vencê-lo houve apenas um caminho. Tive de esperar até que a ligação à minha pessoa se tornasse forte o bastante para contrabalançá-lo, e então joguei este fator contra o outro. Determinei, não sem me orientar por bons indícios de oportunidade, que o tratamento tinha que findar num determinado prazo não importando até onde tivesse chegado; prazo este que eu estava decidido a cumprir. O paciente acreditou afinal em minha seriedade. Sob a pressão inexorável desse limite de tempo, sua resistência, sua fixação na enfermidade cedeu, e num período relativamente curto a análise forneceu todo material que possibilitou o levantamento das inibições e a eliminação dos sintomas. Desse último período do trabalho, em que a resistência*

> *desapareceu momentaneamente e o paciente deu a impressão de uma lucidez em geral obtida somente na hipnose, é que vêm todos os esclarecimentos que me permitiram a compreensão de sua neurose infantil. (Freud, 1918[1914]/2010, p. 19)*

Ora, parece que o elogio à paciência do analista diante da resistência e das repetições em transferência, citado anteriormente, não foi suficiente para ajudar Freud a suportar o tempo necessário nesse caso. Pelo que o relato indica, a falta de paciência de Freud o levou a estipular o término da análise como estratégia para lidar com a resistência de seu paciente. Essa manobra inaugura o que ganhará espaço a partir de então na teoria da técnica psicanalítica, a chamada técnica ativa. Seu emprego nesse caso permitiu acesso ao material inconsciente bloqueado, mas parece ter mantido os núcleos traumáticos de Serguéi intactos – como comprova a evolução de sua doença relatada em trabalhos posteriores (Brunswick, 1928/1971, pp. 263-307).

Como Freud mesmo nos alertou, o tratamento analítico não deve se resumir a esclarecer inibições e eliminar sintomas. A diferença extensamente trabalhada no texto técnico de 1914 entre recordar, repetir e elaborar parece não estar operando na escuta do analista vienense. Nesse caso, podemos notar como a transferência, colorida das intensidades características dos afetos do paciente, atualiza-se na relação com Freud, levando o médico a atuar, encerrando prematuramente o caso.

A história contada por Freud sobre a neurose infantil do Homem dos Lobos começa quando Serguéi tinha 3 anos e 3 meses e foi seduzido por sua irmã, dois anos mais velha, que manipula seu pênis iniciando-o precocemente nos prazeres da zona genital. Essa experiência deixará uma marca indelével no desenvolvimento psicossexual do menininho, gerando alterações de comportamento que despertaram a atenção dos adultos ao seu redor. Serguéi, que era antes um menino dócil e tranquilo, torna-se irritado, travesso e irrefreável.

Para Freud, a experiência de sedução promove fixações que impedem o desenvolvimento libidinal de avançar normalmente. A ambivalência do paciente era característica, o que tornava a estabilidade inatingível a ele, e indicava que "nenhuma das posições instituídas da libido foi totalmente cancelada por outra posterior. Ela *continuava a existir*, ao lado de todas as demais" (Freud, 1918[1914]/2010, p. 38, grifo nosso). Além disso, para Freud, a experiência de sedução estimula uma passagem da posição passiva para a posição ativa, e vice-versa, denunciando relações íntimas entre as pulsões parciais sádicas e as masoquistas.

A eleição desse caso se justifica por sua localização temporal na obra freudiana, mas também por retomar a discussão sobre a sedução e seus efeitos patogênicos. À sedução da irmã, soma-se nesse caso uma outra, que se torna acessível por meio do sonho com lobos – razão pela qual o paciente ganha o nome "Homem dos Lobos". Esse sonho, ocorrido por volta dos 4 anos de idade, inaugura uma nova fase no adoecimento infantil de Serguéi; seu relato em análise permite a reconstrução de uma vivência da observação da relação sexual entre os pais, quando o menino tinha apenas 1 ano e meio. A ativação desses conteúdos psíquicos, que remontam à cena primária, é considerada por Freud uma segunda sedução, e será vastamente discutida.

Reproduziremos um longo trecho dessa discussão para acompanhar esse raciocínio do teórico em ação.

> *Mencionei que vários elementos factuais podem ser invocados em prol da concepção destas cenas como fantasias regressivas. Sobretudo um: o de que tais cenas infantis não são, no tratamento – até onde vai minha*

> *experiência –, reproduzidas como lembranças, são re*sultados da construção. . . . *Tais recordações, antes inconscientes, não precisam sequer ser verdadeiras; podem sê-lo, mas com frequência são distorcidas em relação à verdade, impregnadas de elementos de fantasia, exatamente como as chamadas lembranças encobridoras conservadas de modo espontâneo. Quero dizer que cenas como a de meu paciente, de um período tão antigo e com tal conteúdo, e que possuem tal importância para a história do caso, em geral não são reproduzidas como lembranças, mas* têm de ser gradual e laboriosamente adivinhadas – construídas – a partir de uma soma de indícios. . . . *Não sou de opinião que estas cenas tenham de ser fantasias necessariamente, porque não retornam como lembranças. Parece-me ser de absoluta equivalência à lembrança o fato de que elas – como em nosso caso – sejam substituídas por sonhos cuja análise leva regularmente à mesma cena, e que reproduzem cada fragmento de seu conteúdo em incansável remodelação. Sonhar é também recordar, embora sujeito às condições do período noturno e da formação do sonho. Esse retorno em sonhos explica, segundo creio, que nos pacientes mesmos se forme gradualmente uma firme convicção da realidade dessas cenas primordiais, uma convicção que em nada fica atrás daquela baseada na recordação. (Freud, 1918[1914]/2010, pp. 70-71, grifo nosso)*

É interessante notar como a discussão entre realidade e fantasia da sedução ganha aqui outra amplitude se compararmos ao que vimos nos primeiros anos do século XX, nossa segunda década. A ativação da cena primária opera no psiquismo do paciente os mesmos efeitos da vivência de sedução: atinge-o desde fora, perturbando-o dentro. Nas palavras de Freud: "A ativação da imagem, que devido ao maior entendimento intelectual pode ser entendida, atua como um acontecimento fresco, mas também como um novo trauma, uma interferência alheia, análoga à sedução" (Freud, 1918[1914]/2010, pp. 144-145).

Borram-se as fronteiras entre o dentro e o fora. Nessa perspectiva, borram-se também as fronteiras entre o trabalho analítico com interpretações, que desvelam sentidos inconscientes, e o trabalho de construção em análise, a partir de indicações e vestígios. Vale sublinhar que esse trabalho de construção em análise aparece já aqui, duas décadas antes da sua sistematização na obra de Freud (Freud, 1937b/2020).

Encerraremos essa década acrescentando um último ingrediente à polêmica entre dentro e fora que nos acompanha desde o início. No final do relato desse caso, Freud nos aponta um problema: o que, da experiência, é filogeneticamente herdado (dentro) e o que é adquirido (fora)? No caso do Homem dos Lobos, o fato de a observação da cena primária ter eclodido uma neurose ainda durante a infância de Serguéi leva Freud a considerar que o psiquismo do pequeno menino apreendeu de alguma forma a relação sexual à qual assistiu. Mas qual seria a forma?

A resposta arriscada é a suposição da existência de um conhecimento instintivo, semelhante ao que opera nos animais, que formaria o núcleo do inconsciente. O sujeito lançaria mão de tais conhecimentos quando sua experiência falhasse: "preenche as lacunas da verdade individual com a verdade pré-histórica, põe a experiência dos ancestrais no lugar da própria experiência" (Freud, 1918[1914]/2010, p. 130).

Encontramos essa hipótese em sua máxima formalização em um manuscrito escrito por Freud no ano seguinte à escrita do caso do Homem dos Lobos – ou seja, em 1915 –, que foi descoberto postumamente e publicado apenas em 1985. Esse texto, nomeado "Neuroses de transferência: uma síntese", compunha, junto a outros, o conjunto dos doze ensaios metapsicológicos de 1915, dos quais apenas cinco foram publicados pelo autor. Para Jones (1961/1979), esse conjunto de textos indica a atitude de Freud de sintetizar o trabalho de toda sua vida, marcando o fim de uma época. A desesperança dos tempos da Primeira Guerra Mundial ameaçava a continuidade da psicanálise, e o seu fundador não parecia vislumbrar "qualquer sinal do terceiro grande período que surgiria em sua vida, e que devia começar em 1919" (Jones, 1961/1979, p. 519).

É nesse tom, de resumo derradeiro, que o texto citado apresenta formalizada a hipótese filogenética segundo a qual "O que hoje são neuroses eram fases do estado da humanidade" (Freud citado por Grubrich-Simitis, 1985/1987, p. 89). Tal afirmação consta em uma carta de Freud, endereçada a Ferenczi no dia 12 de julho de 1915, na qual ele apresenta seu mais recente trabalho, que, segundo sua própria confissão, trata de fantasias que o perturbam.[5]

No texto, após uma longa e cuidadosa descrição acerca do modo de funcionamento das neuroses de transferência, Freud solicita a tolerância do leitor para que sua "crítica ceda lugar à fantasia na apresentação de coisas incertas, embora muito estimulantes" (Freud, 1915/1987, p. 72). Ao convocar a fantasia de seus leitores, o

---

5 A construção da hipótese filogenética foi feita em íntimo diálogo entre os dois autores e representava um objeto privilegiado da pesquisa de ambos. Tal projeto de investigação visava construir uma metabiologia, na qual se articulassem os conhecimentos da psicanálise com o que havia sido explorado por Lamarck, acerca da transmissão dos caracteres adquiridos no processo evolutivo. Esse projeto nunca foi levado a cabo por nenhum dos dois teóricos, embora possamos rastrear diversas empreitadas nesse sentido na obra de ambos. Para mais detalhes, remetemos o leitor interessado ao trabalho de Ilse Grubrich-Simitis (1985/1987), em *Metapsicologia e metabiologia – para o rascunho de Sigmund Freud sobre "Neuroses de transferência: uma síntese"*.

pesquisador parece já nos demonstrar por quais meios fez avançar a sua pesquisa;[6] esta remontará à realidade factual da catástrofe ocorrida na era glacial a origem da angústia, do acúmulo libidinal e das reações defensivas que caracterizam o adoecimento neurótico. Aceitamos o conselho do nosso mestre e sugerimos ao leitor que tope embarcar conosco neste "momento lúdico do processo criativo de Freud" (Grubrich-Simitis, 1985/1987, p. 119).

O congelamento da crosta terrestre, que caracterizou a chamada era glacial, teria ameaçado pela primeira vez a existência dos hominídeos que viviam com a natureza, até então, uma relação de plena satisfação de seus anseios. A consequente escassez de recursos para a subsistência inaugurou o conflito entre a autopreservação (pulsões do Eu) e a satisfação do prazer (pulsões sexuais), que fez surgir a angústia na experiência humana. Tomados por esse conflito, os homens foram impelidos a evitar a procriação, e as experiências sexuais consequentemente ficaram impedidas. Dado isso, seguiu-se o resultante acúmulo libidinal, sua relação íntima com a angústia e as diversas reações defensivas a ela que caracterizam posteriormente cada um dos tipos de adoecimento.

Desse modo, as disposições para as neuroses – tanto as de transferência quanto as narcísicas – são justificadas por "regressões a fases pelas quais toda a espécie humana teve que passar do começo ao fim dos tempos glaciais" (Freud, 1915/1987, p. 74). A neurose seria então "a expressão da resistência contra essa regressão, um

6 Para Luiz Roberto Monzani (1991), esse "método de fantasiar cientificamente" é uma característica do procedimento de pesquisa freudiano, que comparece em diversos momentos da sua obra. Em seu trabalho "A fantasia freudiana" (1991), o autor demonstra a presença da fantasia filogenética ao longo de toda obra de Freud, desde o "Projeto para uma psicologia científica", de 1895, até *Moisés e o monoteísmo* em 1940, destacando que é nesta década (1910-1919), mais especificamente nos anos 1915, que Freud alcança clareza na exposição de seu argumento acerca da filogênese.

compromisso entre as coisas antigas dos tempos primitivos e a exigência do culturalmente novo" (Freud, 1915/1987, p. 74).

Por meio dessa fantasia científica, Freud recupera a relação entre o constitucional e o adquirido amarrando-os com o conceito de trauma, ao remeter as origens do conflito psíquico à catástrofe real. Dessa amarração decorre uma concepção particular da temporalidade, na qual o pré-histórico e o atual se interpenetram.

A hipótese apresentada nesse texto tenta resolver a teoria freudiana da origem da fantasia e seu indiscutível apoio na realidade. Como Monzani (1991) brilhantemente denuncia,

> *O curioso e inquietante é o fato de que, nesse percurso, Freud acabe sendo obrigado, para dar uma base real à fantasia, a construir uma outra fantasia! Fantasia que nos convida a repensar radicalmente a noção de tempo (*A Visão de conjunto [Neuroses de transferência: uma síntese] *é um entremeado de séries temporais que se cruzam e se chocam nos sentidos mais diversos). Ela nos convida a abandonar o modelo canônico, tradicional, de tempo, mostrando sua manifesta insuficiência. (p. 103)*

Assim, a realidade da experiência traumática apresentada em nossa primeira década como fundamento da primeira teoria da sedução reaparece aqui plenamente desenvolvida "ao ser transportada para trás, aos tempos da horda primitiva, transferindo a dimensão ontogenética para a filogenética" (Grubrich-Simitis, 1985/1987, p. 111). O chamado *conhecimento instintivo* proviria do núcleo do inconsciente no qual estariam depositadas as experiências ancestrais que remontam até o mais antigo dos humanos, a um passado bastante distante.

> *Onde se leva em consideração o elemento constitucional de fixação não se afasta o adquirido: retroage para um passado ainda mais remoto, já que se pode justamente afirmar que disposições herdadas são restos das aquisições dos antepassados. Com isso, chega-se ao problema da disposição filogenética atrás da individual, ou ontogenética, e não há contradição quando o indivíduo adiciona às suas disposições herdadas, baseadas em vivência anterior, as disposições recentes derivadas de vivências próprias. Por que haveria de se desvanecer justamente no indivíduo cuja neurose examinamos o processo que cria disposições baseadas em vivências? Ou por que não haveria esse indivíduo, que cria disposições para seus descendentes, de adquiri-las para si próprio? Parece muito mais uma complementação necessária. (Grubrich-Simitis, 1985/1987, p. 71)*

No entanto, pararemos aqui para uma distinção importante que Freud apresenta pela primeira vez no caso que analisávamos, o "Homem dos Lobos". Esses conteúdos herdados são descritos por Freud nesse caso como "esquemas congênitos". Tal distinção, para a qual Monzani (1991) chama a atenção, será importante para nós. Ao falar em esquemas, Freud está apontando para algo do ancestral, que só se atualiza por meio das experiências vividas, "mas, ao contrário destas últimas, já possui um conteúdo virtual, uma espécie de matriz, de guia, que embora necessite da experiência, a informa e a preenche" (Monzani, 1991, p. 102).

> *Tratar-se-ia de esquemas virtuais que só se cristalizam, só se concretizam através das determinações empíricas que serviriam então para catalisar as fantasias sem, no entanto, fazer destas um produto já pronto e acabado*

> *que o sujeito carregaria consigo desde o nascimento. Seria nesse hiato temporal (entre o nascimento e a cristalização das fantasias) que a pulsão sexual se comportaria de forma livre, polimorfa, perversa. (Monzani, 1991, p. 103)*

Podemos, agora, ensaiar uma nova tentativa de resposta à nossa pergunta lançada há pouco. Vemos que, para Freud, bastava que Serguéi tivesse tido contato com o coito entre animais (o que o analista descreve ter ocorrido) para que sua fantasia da "cena primária" se consolidasse. Ou seja, o apoio na realidade se mantém na medida em que o sujeito catalisa sua fantasmática a partir das experiências com o mundo externo. E, dessa maneira, operaria a montagem de comportamentos semelhantes aos instintuais (Monzani, 1991, p. 103).

Dada a ousadia dessa suposição, deixaremos o mestre Freud falar por si e encerrar, nessa atmosfera enigmática, essa longa e promissora década.

> *Esse fator instintivo seria então o âmago do inconsciente, uma primitiva atividade do espírito, que posteriormente é destronada e recoberta pela razão humana que se vem a adquirir, mas com muita frequência, talvez sempre, mantém a força para fazer baixar até si os processos anímicos mais elevados. . . . A significação dos traumas da primeira infância estaria em que abastecem esse inconsciente de um material que o protege da consumição pelo desenvolvimento ulterior. (Freud, 1918[1914]/2010, p. 159)*

4. A quarta década (1921-1930): do "Cadê? Achou!" ao "*Fort-da*", do outro ao próprio, e vice-versa

Na terceira década, acompanhamos os vigorosos empenhos de Freud e Ferenczi em analisar minuciosamente a complicada passagem do Princípio de Prazer para o Princípio de Realidade. Nesse percurso, vimos as diversas renúncias aplicadas ao exercício da pulsão, as limitações da realidade e a importância do Eu em seu trabalho de mediação. Acompanhamos também como a formação do Eu e o aprimoramento da sua tarefa de mediação exigem uma relação intersubjetiva na qual se destaca a importância da experiência de onipotência por parte da criança e o trato dado pelo adulto/objeto às experiências de necessidade vivenciadas pela criança/sujeito.

Prazer e desprazer – o par indissociável do princípio que rege soberano o psiquismo até então – dependem da quantidade de energia excitável disponível no aparelho anímico; sendo o desprazer relacionado ao aumento da quantidade, e o prazer relacionado à sua diminuição. No entanto, Freud nos alerta, não se trata de uma relação de "proporcionalidade direta" (Freud, 1920/2020, p. 61), mas de sua redução ou ampliação no tempo, ou seja, do ritmo. Logo, tanto a instauração do Princípio de Prazer quanto sua passagem para o Princípio de Realidade dependem fundamentalmente de uma experiência ritmada por um outro. Esse outro é quem modula, por meio de seus investimentos atentos, os níveis de excitação na tentativa de mantê-los dentro do que pode ser suportável a um psiquismo em vias de formação.

Como ilustração, Freud discute a brincadeira "Cadê? – Achou!" entre um bebê e sua mãe. A mãe que brinca com seu bebê de se fazer ocultar e reaparecer em seguida permite que ele aprenda gradualmente que ela some, mas costuma reaparecer.[1] Assim, a angústia e a dor vivenciadas no instante em que o bebê perde o objeto de amor de vista podem ser moduladas pelo conhecimento que distingue a ausência temporária da perda definitiva, de modo que o anseio pode ser experimentado por ele sem disparar desespero. A distinção afetiva entre experimentar anseio e viver desespero possibilita outra distinção importante: a que separa uma situação perigosa de uma situação traumática (Freud, 1926/2014, p. 120).

Faremos um recuo para construir as condições de alcançar a riqueza que abriga a descrição dessa brincadeira conhecida intimamente por todos nós. Veremos como ela guarda, em sua simplicidade, grande parte do que nos interessa apreender da densa complexidade característica da metapsicologia freudiana.

Para isso, daremos um passo além – ou aquém –, como nos convida Freud em seu revolucionário livro que inaugura essa década, *Além do princípio do prazer* (1920), para conhecer o que se passa antes que a instauração desse princípio se efetive. O que há além?

Essa investigação freudiana parte essencialmente da observação de três fenômenos: as neuroses traumáticas, as brincadeiras das crianças e a repetição na experiência transferencial.

---

1 A atenção de Freud à relação intersubjetiva reaparece aqui, como em outros momentos da teoria já sinalizados anteriormente, demonstrando que, apesar do acento intrapsíquico dado à sua obra como um todo, o aspecto intersubjetivo não era mero acessório à sua investigação.

Por enquanto, continuemos com as brincadeiras. Freud descreve uma brincadeira que observa seu primeiro netinho fazer repetidas vezes, quando este tinha cerca de 1 ano e meio. Vale a pena ressaltar que Freud faz questão de dizer que Ernst era uma criança com desenvolvimento normal, nem atrasada nem adiantada ao que se espera de alguém com sua idade. O que lhe chama atenção nessa brincadeira do neto, nomeada *Fort-Da* ou jogo do carretel, é seu caráter repetitivo e sua relação com a capacidade do pequeno menino de suportar as ausências de sua mãe. Como vimos anteriormente, a atenção de Freud estava especialmente voltada ao tema da repetição desde a década anterior.

O pequeno Ernst tem um carretel amarrado em um longo fio. A brincadeira consiste em lançar o carretel para dentro de seu berço cortinado fazendo-o sumir de sua visão, movimento acompanhado da vocalização "o-o-o-o", que sua mãe Sophie e seu avô Freud interpretaram como *Fort* [desapareceu – cadê?], e na sequência puxá-lo de volta para si emitindo *Da* [aqui/aí – achou!]. A interpretação do avô é que a brincadeira encena as ausências do objeto amado, tornando Ernst senhor da situação na medida em que é ele quem controla as ausências e presenças do objeto perdido. Por meio dessa repetição, ele estaria ab-reagindo às excessivas intensidades outrora vivenciadas passivamente, abrindo caminho para a elaboração e construindo condições de suportar a ausência da mãe. É como se Ernst fizesse sozinho a ritmada brincadeira de "Cadê? Achou!", que provavelmente já havia experimentado antes com sua mãe Sophie.

Entretanto, como Freud mesmo afirma logo após descrever o jogo do neto, tal fenômeno não nos auxilia a alcançar o que haveria além do Princípio do Prazer. Embora a brincadeira repita a situação desprazerosa da perda do objeto amado, ela finda com um ganho de prazer, a satisfação do "*Da*/Achou!".

Convidamos o leitor a aprofundar a compreensão dessa brincadeira, aceitando o alerta que nos faz Luís Claudio Figueiredo

(1999) em sua releitura desse livro: "Atenção: é um jogar longe que é, ao mesmo tempo, um jogar fora (da visão) e um jogar dentro (*do próprio berço*). Este era o jogo completo, embora Freud não comente este jogo longe-fora-dentro que ele mesmo descreve" (p. 62, grifo do original).

Jogar longe-fora-dentro. Essa leitura da brincadeira de Ernst radicaliza algo que salientamos anteriormente acerca do movimento dialético entre dentro e fora, cujos limites ficam cada vez mais tênues no avançar da obra freudiana. O menino joga fora o carretel, abandona a visão do objeto, lançando-o para dentro de seu berço. Essa sequência sintetiza a função das brincadeiras das crianças, seu trabalho simbolizante, e dá imagem a um movimento psíquico elementar e anterior ao Princípio do Prazer: o tornar próprio, o "re-tornar". Ao jogar fora, dentro de um lugar intimamente conhecido, o seu próprio berço, o menino parece encenar um movimento de apropriação.

Expliquemos: em termos energéticos, isso pressupõe a contenção da excitação circulante no aparelho, um movimento contrário ao que postula o Princípio do Prazer, segundo o qual as excitações devem ser continuamente escoadas (de dentro para fora), evitando o desprazer. As pulsões sexuais, aqui agrupadas às pulsões do Eu no novo grupo chamado Eros ou pulsões de vida,[2] pulsam na direção centrífuga (jogar fora). Vemos, no *Fort-Da*, um jogo que conjuga essa direção com a contrária, do retorno centrípeto, de voltar a si (jogar dentro). Jogar dentro do berço é conter, reservar, amortecer.

> *Quando se dá o excesso, a tarefa de ligação torna-se prioritária e a compulsão a repetir aparece mais*

---

2 Vale sublinhar a novidade do grupo de pulsões proposto, que a nosso ver é um novo Eros, um novo modo de conceber a pulsão de vida que Freud apresenta aqui. Ou seja, o livro de 1920 traz, ao menos, duas grandes novidades conceituais: as pulsões de vida e as pulsões de morte.

> *nitidamente. É mediante ela que a criança recupera o domínio sobre a própria experiência, abandonando a passividade pela atividade.*
>
> *Mas, para além desta passagem do passivo para o ativo, que poderia ser em si mesma prazerosa, o que se dá, fundamentalmente, é a constituição do* próprio, *a constituição, ou reconstituição do* próprio *que Freud nos conduz ao afirmar a importância para a criança daquilo que ela pode reconhecer como* idêntico: *é a* mesma história, *é a* mesma brincadeira *que ela solicita ao adulto vezes sem conta. (Figueiredo, 1999, p. 80)*

Desse modo, a compulsão a repetir é relacionada ao retorno e à constituição de um território particular, o território da identidade. Esse retorno remonta, para Freud, até o antes da vida. Retorno ao inanimado. Assim é o movimento característico do novo grupo de pulsões, as pulsões de morte, que além/aquém do princípio do prazer descrevem um certo funcionamento do aparelho psíquico.

Esse é, segundo o próprio Freud, seu terceiro passo na teoria pulsional. O primeiro, nosso conhecido íntimo, é a ampliação do conceito de sexualidade; o segundo, a formulação do narcisismo.

Temos então uma nova roupagem para o par de opostos: Eros ou pulsões de vida *versus* pulsões de morte. Destacamos o movimento e suas direções contrárias seguindo a explícita descrição de Freud da oposição pulsional como uma diferença topográfica. Como ele afirma, a diferença, que no primeiro dualismo pulsional era qualitativa, precisará agora ser pensada topicamente. Recorreremos novamente a Luís Claudio Figueiredo para esclarecer o que fica obscuro no livro de Freud.

> *A distinção é* topográfica *porque a "oposição" é entre duas* **direções***: de um lado, a libido caminha na direção dos objetos – na direção dos outros, na direção da alteridade – e, de outro, na direção do* próprio. *As relações entre essas duas direções tanto podem ser tomadas pelo ângulo de uma certa complementaridade como de uma certa contraposição, mas, a rigor, nem são complementares nem opositivas em um sentido simples, assim como não há mera complementaridade nem mera oposição entre as tarefas de constituição e preservação do vivo (investir no* próprio*) e vitalização da vida (investir no* outro*). (Figueiredo, 1999, pp. 103-104)*

Não se trata, portanto, de uma relação de simples oposição. O novo par de opostos radicaliza o movimento dialético entre dentro e fora, entre vida e morte. É a essa complexa oposição que se deve a ambivalência inescapável que contamina as relações humanas desde seus primórdios. Voltaremos a isso na próxima década; pelo instante, basta que guardemos esse dado em algum lugar de nossas mentes.

André Green (1970/2002), em sua releitura sobre o *Além do princípio do prazer*, propõe que a interpretação de Freud sobre o jogo do carretel nos oferece um protótipo visível do funcionamento do aparelho psíquico.

> *Assim como na construção metapsicológica de Freud, o menino do carretel distingue o dentro e o fora: seus limites se duplicam nessa segunda fronteira que é a beirada da cama [berço] com cortinas. Por meio dessa comparação pretendemos sublinhar que a distinção dentro-fora não se limita a do ego e do mundo exterior, mas que na interpretação do jogo como estrutura*

> *e processo, esta primeira distinção é retomada no seio do dentro e é relançada a outro espaço que é um fora no espaço interno, distinto do fora do mundo exterior. Dito desse modo, nesta primeira aproximação do dentro há em seu espaço um dentro e um fora. O jogo permite instaurar um fora que deixa de se confundir com a "distância" indefinida, essa outra parte indefinidamente deslocada para além, para se converter no longe-ali desde onde o carretel pode retornar. Aqui está implicada toda a teoria da representação. . . . Por meio desta interiorização, um fragmento do passado desse fora reprovado encontra seu lugar ao ser designado como um futuro em espera. O corte se desloca assim do espaço que compartilha para se orientar em direção a essa outra parte cuja nova destinação move a fronteira do que terá que ser delimitado agora entre o sujeito como agente do jogo e o jogo como constitutivo do sujeito em processo. Portanto, ao fazer retornar o objeto que é e não é a mãe, o jogo retém em sua rede o sujeito como trajetória muito mais além de sua intenção lúdica, e não só o determina como desejante da mãe, mas também como autorizado a desejá-la e a salvar o desejo da ruptura dos laços que ameaçam a relação. (Green, 1970/2002, pp. 109-110, tradução nossa)*

O jogo é sobre a teoria da representação e sobre a instauração dos limites entre esses "dentros e foras" no interior do psiquismo, que, por sua vez, ilustrarão uma nova tópica psíquica apresentada no texto de 1923, "O Eu e o Id", composta pelas instâncias: Eu, Supereu e Id, cada uma delas contendo partes inconscientes. Entender esse jogo de "dentros e foras" no interior do psiquismo como constituinte do sujeito em seu processo é apontar para o que existe de elementar em seu trajeto, o que inclui a compulsão à repetição.

Para nossa investigação, o importante é destacar que existe um modo de funcionamento do aparelho psíquico mais primitivo, prioritário, colocado em ação a cada vez que as quantidades energéticas excedem determinados limites.[3] Quando o psiquismo é invadido de quantidades excedentes, ele se põe a conter energia, a reservar na tentativa de restaurar, em primeiro lugar, o berço, no qual, em um segundo momento, poderá voltar a brincar de repetir para elaborar. Essas primeiras tentativas de contenção representam a ação da repetição no *Além do princípio do prazer* (1920). Em um segundo momento então, tendo o berço sido restaurado, o sujeito volta a brincar, sendo esse movimento lúdico repetitivo próprio ao Princípio do Prazer.[4] Ligar é a função básica do psiquismo, seu funcionamento elementar, por meio do qual se institui um território próprio, uma base, um escudo protetor.

Considerar essa tarefa psíquica prioritária implica reconhecer que o trabalho da pulsão de morte participa da própria construção do psiquismo. Além disso, entendê-lo como um trabalho singular, particular, já que ligado à constituição daquilo que é próprio. Como nos provoca Freud (1920/2020), "o organismo só quer morrer *à sua*

3 Esses limites são singulares e o que os determina segue sendo um mistério, como corrobora a afirmação de Freud em seu texto "Inibição, Sintoma e Angústia" (1926/2014): "Deve haver, para cada indivíduo, um limite além do qual seu aparelho psíquico fracassa em lidar com as quantidades de excitação que requerem aviamento" (p. 93).

4 Nota-se aqui a distinção entre duas vertentes do movimento repetitivo, uma repetição própria ao além do Princípio do Prazer que, na melhor das hipóteses, "restaura o berço", e a repetição no princípio do prazer já apresentada na década anterior a partir do texto de 1914, "Recordar, Repetir e Elaborar". Para aprofundar essa discussão, remetemos o leitor interessado ao trabalho de Myriam Uchitel, *Neurose traumática* (2011, p. 71).

maneira; mesmo esses guardiães da vida foram originariamente os serviçais da morte" (p. 139, grifo nosso).

Talvez nosso esclarecimento tenha gerado ainda mais obscuridade, de forma que tentaremos desfazer os nós resgatando nossa tarefa prioritária, deixada em suspenso algumas páginas atrás. A partir dessas novas descobertas freudianas, como pensar a diferença que apontamos entre uma situação perigosa e uma situação traumática? Qual o lugar do traumático na então reformulada teoria pulsional?

Para tomar o fôlego necessário para nosso próximo mergulho, pediremos licença ao leitor para incluir uma longa citação do texto freudiano que nos servirá de trampolim.

> *Essas excitações que chegam de fora e são suficientemente intensas para romper a proteção chamemos de* traumáticas. *Acredito que o conceito de trauma requeira que uma relação desse tipo seja remetida a uma defesa contra estímulos que, normalmente, é eficaz. Um acontecimento como o trauma externo provocará uma enorme perturbação no funcionamento energético do organismo e colocará em movimento todos os meios de defesa. Mas nesse caso o princípio de prazer é, de início, colocado fora de ação. A inundação do aparelho anímico por grandes quantidades de estímulo não pode mais ser detida; o que ocorre é bem mais o surgimento de outra tarefa, a de dominar o estímulo, de ligar psiquicamente as quantidades de estímulo que irromperam, para levá-las, depois, à liquidação.*
>
> *Talvez o desprazer específico da dor corporal seja o resultado de que a proteção tenha se rompido em uma extensão limitada. Desse ponto da periferia afluem*

> *então para o aparelho anímico central excitações contínuas, como as que normalmente só poderiam provir do interior do aparelho. E o que podemos esperar como reação da vida anímica a essa irrupção? De todos os lados a energia de investimento é convocada para criar, nas proximidades do ponto de ruptura, investimentos de energia com intensidade correspondente. Produz-se, então, um grandioso "contrainvestimento", em cujo benefício todos os outros sistemas psíquicos se empobrecem, de modo que se segue uma extensa paralisia ou redução de qualquer outro funcionamento psíquico. Procuramos aprender desses exemplos como apoiar as nossas suposições metapsicológicas em modelos como esses. Portanto, extraímos dessa conduta a conclusão de que mesmo um sistema altamente investido é capaz de receber energia adicional fluente, de transformá-la em investimento quiescente, portanto, de "ligá-la" psiquicamente. Quanto mais elevado for o próprio investimento quiescente, tanto maior também seria sua força de ligação; portanto, inversamente, quanto mais baixo for seu investimento, menos o sistema será capaz de receber energia afluente e mais violentas serão, necessariamente, as consequências de uma tal ruptura da proteção. (Freud, 1920/2020, pp. 113-115)*

Em outras palavras, o trauma representaria uma invasão de energia que excede a condição de ligar do aparelho, que por sua vez é determinada pela quantidade de energia ligada existente em seu interior. Desse modo, para se consumar um trauma não bastaria o rompimento do escudo protetor. Somado ao rompimento, é preciso que não haja no organismo penetrado energia quiescente suficiente para dar conta da quota energética adicionada. Dizendo nos termos da dualidade pulsional proposta, o trauma é resultado de "uma *inundação de vida* em uma estrutura com pequenas reservas de energia silenciosa e amortecida" (Figueiredo, 1999, p. 74).

É a morte protegendo a vida. Morte e vida em uma conjugação complexa, interdependente. A compulsão à repetição, o retorno ao inanimado, protege a vida psíquica, uma vez que, ao aumentar a quantidade de energia quiescente no aparelho psíquico, torna-o mais tolerante a novos afluxos energéticos excedentes.[5] O movimento de tornar próprio que representa resistência à alteridade cria, ao mesmo tempo, condições para o contato com o outro, com o "não próprio". Nesse sentido,

> *o investimento no* próprio, *a proteção e conservação do* próprio, *o retorno ao* próprio *são as condições que, aquém do princípio de prazer, condicionam sua dominância e, além dele, o impulsionam para sua modificação em princípio de realidade e que, muito mais aquém e muito mais além disso, o inscrevem como caso especial do princípio de constância, da procura de uma definitiva estabilidade, a da vida idêntica a si mesma, a da morte. (Figueiredo, 1999, p. 75, grifos do original)*

Logo, é a própria noção de trauma que está sendo revista nesse momento da teoria de Freud. A revolução teórica apresentada

---

5 Nesse sentido, do aspecto de ligação da compulsão à repetição, encontramos uma discussão muito frutífera no trabalho *Freud: O movimento de um pensamento* de Luiz Roberto Monzani (1989). Lá, o autor diferencia modos de operar da compulsão à repetição dividindo-os em dois grupos: um em que a compulsão à repetição estaria a serviço da ligação, logo, seguindo o princípio do prazer (no qual inclui as brincadeiras das crianças e os sonhos nas neuroses traumáticas), e outro em que a compulsão à repetição estaria a serviço do puro desligamento, logo, da pulsão de morte, além/aquém do princípio do prazer (é o caso das repetições transferenciais e das neuroses de destino).

nesse livro, que acaba de completar um século, atinge diretamente nosso objeto de pesquisa, aumentando exponencialmente sua complexidade. A pulsão de morte, qualificada como representante do radicalmente pulsional, liga-se diretamente ao traumático e à nova concepção de inconsciente apresentada na teoria estrutural do psiquismo da segunda tópica.

Esperamos ter transmitido com mais clareza que a constituição psíquica exige a conjugação dos trabalhos pulsionais de vida e de morte. Com *Além do princípio do prazer* Freud (1920/2020) opera, em nosso objeto de investigação, um movimento semelhante ao jogo de seu netinho: joga longe a distinção entre saúde e adoecimento ao reconhecer algo mais primitivo do que o funcionamento do princípio do prazer, que ataca e, ao mesmo tempo, garante as condições de representabilidade do psiquismo; joga fora a primazia do princípio do prazer, jogando, desse modo, o traumático para dentro da sua teoria da constituição psíquica. O traumático adquire, assim, uma condição onipresente. Por caracterizar a própria pulsionalidade, ele se mantém sempre ativo assediando o psiquismo desde dentro e desde fora.

Junto à nova tópica psíquica apresentada em 1923, o que Freud enfatiza também é uma compreensão do funcionamento do aparelho psíquico e de seu processo perceptivo. Em alguns textos dessa década,[6] ele retoma e dá mais consistência à ideia de que a percepção não é um processo passivo, que opera apenas de fora para dentro através dos órgãos dos sentidos. Ou seja, a percepção supõe um trabalho psíquico que parte do seu interior. Além disso, ele afirma que o trabalho da representação depende da existência de uma percepção prévia, o que lhe permite sustentar que o encontro com

6 "O Eu e o Id" (1923/2011), "A negação" (1925b/2011), e "Notas sobre o 'bloco mágico'" (1925a/2011).

o objeto é sempre um reencontro. Deixaremos que Freud explique com suas próprias palavras,

> *De acordo com a nossa hipótese, a percepção não é um processo puramente passivo; o Eu envia periodicamente pequenas quantidades de investimento ao sistema perceptivo, mediante as quais prova os estímulos externos, retraindo-se novamente após cada um desses avanços tateantes. (Freud, 1925b/2011, pp. 280-281)*

> *É como se o inconsciente, através do sistema Pcp-Cs, estendesse para o mundo exterior antenas que fossem rapidamente recolhidas, após haverem experimentado as excitações. (Freud, 1925a/2011, p. 274)*

Se o trabalho perceptivo parte do inconsciente e o trabalho representacional é dele dependente, os afluxos excedentes de estímulos que inundam o psiquismo gerando traumas não podem mais ser justificados apenas pelo eixo de fora para dentro. Talvez tenhamos aqui a oportunidade de, ao aproximar o traumático ao inconsciente, reconhecê-lo como algo que fica mantido no psiquismo apenas como percepção, bloqueado neste estado: percepção sem palavra (Uchitel, 2011, p. 74).

Com essa mudança, evidentemente, não é apenas a teoria que está sendo revolucionada; a clínica também será obrigada a se transformar. Para alcançar então o que muda no trabalho do analista, retornaremos à experiência intersubjetiva da qual partimos: a brincadeira elementar "Cadê? Achou!".

Para que o jogo do carretel do pequeno Ernst configure uma experiência enriquecedora, que o auxilie no ritmar das presenças e ausências do objeto de seu amor, é fundamental que alguém tenha previamente lhe apresentado algum ritmo. As brincadeiras de

"Cadê? Achou!" com sua mãe devem ter ocorrido previamente, permitindo que seu jogo solitário ultrapasse a condição de compulsão à repetição traumática. Concordamos com a leitura de Green (1970/2002):

> *Trata-se, na verdade, de um menino cujo desenvolvimento tem sido normal; foi criado, alimentado e atendido por sua mãe. Esta observação nos parece importante. O assinalamento do valor significativo da repetição exige uma organização do simbólico preservada de uma alteração do desenvolvimento, por demais importante, por efeito de um trauma notável. É muito provável que uma criança abandonada ou que tivesse sofrido de hospitalismo não tivesse brincado desse modo. No lugar de lançar o carretel para logo recuperá-lo unindo o grito ao gesto, talvez teria se balançado sem se mover de seu lugar ou batido a cabeça contra a parede de maneira estereotipada. O menino do carretel, disse Freud, admitiu, justamente graças ao amor materno, a necessidade da renúncia pulsional, isto é: o caráter inevitável das perdas temporárias de sua mãe quando ela se ausentava. Poderíamos dizer que simbolizava em função de sua submissão à necessidade. Logos e Ananké se mostram aqui, sob a pena de Freud, inseparáveis. (p. 100, tradução nossa)*

Desse modo, supomos que ele já teria adquirido aquela condição, ainda que muito incipiente, de discernir uma situação perigosa de uma situação traumática. Já existe ele, o berço "separado" dele e a condição motora de controle dos gestos necessária para fazer o ir e vir que, na primeira brincadeira (Cadê? Achou!), ficava a encargo de sua mãe, que sumia e reaparecia. É como se ele estivesse nesse jogo sendo ele e a mãe do jogo anterior, simultaneamente.

O menino do carretel, como Green lindamente explicita, já experimentou amor suficiente para viver as renúncias pulsionais sem que isso o paralise, sem que a dor psíquica do reconhecimento da necessidade o impeça de seguir. Se recuperarmos a discussão proposta por Ferenczi na nossa década anterior, diríamos que ele experimentou necessidades dentro de limites suportáveis, não viveu experiências extremas nesse sentido. É preciso supor que ele tenha tido suas necessidades suficientemente atendidas para que possa, em um segundo tempo, "brincar com fogo, sem se queimar".

Talvez não tenha ficado evidente até aqui que as excitações sobre as quais tratamos, seus excessos, descargas e contenções – o fogo com o qual o bebê brinca – referem-se ao sexual. É libidinal a energia liberada no encontro entre um bebê e o outro que dele se ocupa, bem como na separação entre eles, que inaugura o reconhecimento da alteridade pelo bebê. Como afirma Luís Claudio Figueiredo (1999),

> *é* sexual *a natureza da energia liberada pelo choque com a alteridade do objeto "mundo externo", e cujo excesso, como energia livre, é traumatizante; é sexual o que se gera no encontro com a diferença . . . Embora a natureza desta energia seja sexual (é da* libido *que se trata), seu investimento narcísico – seu uso para a constituição e restauração do* próprio *– decorre de algo que está* além do princípio de prazer *e que corresponde a uma de-sexualização da energia libidinal que é ligada em proveito da integridade do indivíduo, da sua identidade. (p. 76)*

No texto "Inibições, sintoma e angústia", Freud (1926/2014) declara: "É digno de nota que o primeiro contato com as exigências da sexualidade tenha, sobre o Eu, efeito semelhante ao do prematuro encontro com o mundo exterior" (p. 102). Desse modo, explicita a ligação que assinalamos entre sexualidade e o contato com a alteridade.

Assim, podemos notar como retornam aqui, algumas décadas depois, as hipóteses apresentadas por nós em nossa primeira década que justificavam os adoecimentos histéricos a partir de traumas sexuais infantis. No entanto, a íntima ligação entre o traumático e o pulsional, que, como demonstramos, inclui o trauma no interior do movimento constitutivo do psiquismo, não permite mais que ele seja exclusivo aos adoecimentos. Como descreve Freud (1920/2020),

> *A falta de uma proteção contra os estímulos de origem interna, a camada cortical receptora de estímulos, terá forçosamente como consequência que essas transferências de estímulos adquiram a maior importância econômica e muitas vezes ocasionem perturbações econômicas que podem ser equiparadas às das neuroses traumáticas. As fontes mais abundantes dessa excitação interna são as chamadas pulsões do organismo, que, além de serem representantes de todos os efeitos de forças que se originam no interior do corpo e são transferidos para o aparelho anímico, são mesmo o que há de mais importante, bem como de mais obscuro na investigação psicológica. (p. 125)*

Poderíamos, a partir disso, recuperar a discussão sobre o lugar fundamental do objeto na constituição psíquica e na modulação do ritmo do trabalho das pulsões de vida e de morte, e nos aproximarmos, assim, do trabalho do objeto e suas funções antitraumáticas não apenas nos primeiros momentos da constituição, mas também na clínica psicanalítica.

Nos complementos adicionados por Freud a seu trabalho de 1926, "Inibições, sintoma e angústia", ele propõe retificações em sua teoria, em especial no que se refere ao trabalho analítico, a partir das descobertas desta década. A primeira, que nos parece digna de nota, refere-se aos trabalhos das resistências. Acompanhamos de perto, na década anterior, o trabalho empenhado do doutor Freud diante das resistências apresentadas por seu paciente ao avançar do trabalho analítico. São justamente os entraves no manejo da resistência que levam Freud a interromper precocemente a análise do Homem dos Lobos. Aqui, Freud alertará o leitor para a profunda complexidade dos movimentos de contrainvestimento característicos dos trabalhos da resistência psíquica, que precisam se manter constantes, já que as pulsões não cessam de exigir satisfação, perturbando desse modo a efetividade da repressão.

Às conhecidas resistências advindas do Eu, que contrainvestem os investimentos incentivados pelo analista no sentido oposto ao movimento repressivo, ele somará as resistências vindas do inconsciente. E afirma: "após a remoção da resistência do Eu, ainda há que superar o poder da compulsão à repetição, a atração dos modelos inconscientes sobre o processo instintual reprimido; e não há por que não designar esse fator como *resistência do inconsciente*" (Freud, 1926/2014, p. 107, grifo do original).

Freud segue o texto alegando a existência de cinco tipos de resistência: três advindas do Eu – repressão, transferência e benefício da doença –, uma do id e uma do supereu – relacionada à consciência de culpa e necessidade de castigo.

Além disso, vale a pena ressaltar que Freud recupera nesse momento a ideia de mecanismos de defesa para nos alertar que a repressão e seus derivados são apenas uma de suas modalidades.

Antes que o aparelho psíquico tenha formado suas instâncias, os nossos "dentros e foras", as modalidades de defesa serão outras, ainda mais radicais que o movimento repressivo (Freud, 1926/2014, p. 113). Retomaremos essas modalidades e suas exigências na nossa próxima década.

Logo, o trabalho do analista precisará considerar tamanha complexidade, além de nutrir paciência e uma postura de espera ativa para que os vetores de investimento possam convergir na direção desejada.

Uma segunda modificação importante se refere à compreensão sobre a angústia. Ela passará a ser remetida a uma situação de perigo, o que, por sua vez, remonta à condição de desamparo intrínseca do humano. Vejamos com calma: o texto propõe uma distinção entre angústia neurótica e angústia realista. Esta última é a que se ativa diante de um perigo real e conhecido, e a neurótica se refere a um perigo desconhecido e pulsional. No caminho de uma análise, seria possível então, ao levar à consciência o perigo instintual desconhecido, transformar angústia neurótica em angústia realista ou, se preferirmos, perigo interno em perigo externo. Atenção, aqui trata-se do que vimos há pouco com André Green (1970/2002). Um perigo interno desconhecido é transportado para uma região externa dentro do psiquismo, aquele "fora dentro" já visto por nós. É desde esse lugar que o tratamento analítico pode operar.

Como já dito, no entanto, situação de perigo e situação traumática não são uma mesma coisa. Para descrever uma situação de perigo, Freud afirma que o seu núcleo é a compreensão de nossa parte de que nossa força é menor do que a grandeza do que nos acomete, ou seja, é o próprio reconhecimento de nosso desamparo, material e/ou psíquico. A situação será então traumática quando não puder ser prevista, quando o psiquismo não puder se preparar por meio da emissão de angústia. Quando há preparação, temos uma situação de perigo (Freud, 1926/2014, pp. 115-116). Freud se refere à angústia como uma vacina,[7] por meio da qual a experiência atenuada da doença protege o organismo de seu ataque pleno (Freud, 1926/2014, p. 110).

Nesse sentido, em uma experiência traumática, o sujeito se encontra desamparado e pode experimentar uma dor que não cessa ou um acúmulo de necessidades não atendidas, que não obtêm satisfação, ou, se preferirmos, uma experiência extrema de necessidade.

Chegamos então, após essa volta, novamente à situação da perda do objeto de amor. "Então o problema se complica ainda mais: quando é que a separação do objeto traz angústia, quando ocasiona luto e quando apenas dor, talvez?" (Freud, 1926/2014, pp. 119-120).

Cada uma dessas reações ao contato com a alteridade, decorrente da experiência de separação do objeto amado, exigirá do analista um manejo específico. Veremos pelos textos da nova década como ele propõe que isso opere na clínica, quais as recomendações técnicas a partir dessa reviravolta teórica.

7 Tal analogia nos parece particularmente interessante atualmente, já que vivemos recentemente a experiência traumática de aguardar por vacinas que nos protegessem de alguma forma do ataque brutal que a pandemia da covid-19 provocou à experiência humana.

5. A quinta década (1931-1940): da dor psíquica aos "restos vivos"; da reconstrução à comoção

Quando o contato com a alteridade gera apenas dor? Centraremos nossos esforços na tentativa de responder a essa pergunta, mas antes é necessário justificarmos nossa escolha.

Deixamos, ao final de nossa revolucionária década anterior, a pergunta sobre os efeitos da separação do objeto apontando três fenômenos: angústia, luto e dor. Sobre a angústia, discorremos suficientemente algumas páginas atrás e esperamos ter esclarecido que, em uma situação traumática – ênfase do nosso trabalho –, a angústia não aparece como sinal antecipando o perigo ao psiquismo. Logo, se a separação do objeto amado puder gerar angústia, não estaremos no campo do traumático. Sobre o luto, nosso autor dedicou tempo considerável de pesquisa e escrita, e seus resultados podem ser encontrados de forma sistemática no trabalho de 1917, "Luto e Melancolia". Não abriremos muito espaço para relatar essa investigação, já que para nossos interesses basta lembrar que, no trabalho "bem-sucedido" do luto, a perda do objeto é comprovada pelo teste de realidade, e os investimentos libidinais depositados nessa relação de amor podem ir paulatinamente retornando ao Eu, preenchendo novamente a fonte da qual poderão partir em busca de outros objetos.

O luto é, pode-se dizer, o atestado definitivo da perda do objeto, e seu caráter doloroso é inegável. A separação esquemática proposta por Freud está longe de ter fronteiras nítidas, mas pode nos auxiliar a compreender os fenômenos se pudermos manter em mente que, na experiência humana, angústia, luto e dor comumente aparecem misturados.

Devidamente justificados, voltamos então à dor. Em 1926, Freud (1926/2014) a apresenta como um fenômeno enigmático, cujo "caráter não pode mais ser precisamente definido" (p. 123), e propõe que nos aproximemos dele tateando-o por meio de analogias com a dor física.

> *O forte investimento com anseio no objeto que faz falta (perdido), sempre crescente porque não pode ser acalmado, cria as mesmas condições econômicas que o investimento no local ferido do corpo . . . A passagem de dor física para dor psíquica corresponde à mudança do investimento narcísico para o objetal. A noção de objeto altamente investida pelas necessidades desempenha o papel do local do corpo investido pelo aumento de estímulo. A natureza contínua do processo de investimento e a impossibilidade de inibi-lo produzem o mesmo estado de desamparo psíquico. (Freud, 1926/2014, pp. 122-123)*

Dor física e psíquica geram um mesmo estado de desamparo psíquico, que Freud diferencia do estado de desprazer. A dor estaria além do desprazer-prazer. Concordamos com Jean-Bertrand Pontalis (1977/2005, p. 266) sobre ser possível localizar, na obra freudiana, uma teoria original acerca da dor que parte das explicações neurológicas apresentadas no "Projeto para uma psicologia científica", de 1895, e retorna com toda força nos anos 1920, como testemunhamos aqui. Tal teoria difere a qualidade da dor da qualidade do desprazer, propondo, a partir do par de opostos vivência de satisfação *versus* vivência de dor, uma dualidade desprazer-prazer *versus* dor que lança esta última no além do princípio do prazer, morada do traumático.

Quando a separação do objeto se dá nos moldes do trauma, temos como efeito dor psíquica. Violação, descarga interna, implosão, buraco, lacuna, transbordamento, ferida, hemorragia interna – essas são algumas das palavras recolhidas por Pontalis na obra freudiana para descrever experiências de dor. Tal léxico autoriza o analista francês a situar a dor entre a angústia e o sofrimento do luto, entre o investimento narcísico da libido e o investimento objetal. Deixemo-lo explicar:

> *Outra linha divisória que Freud hesitou em traçar a nosso ver: investimento narcísico consecutivo à violação – caso em que nos aproximamos do trauma – ou investimento de objeto consecutivo à perda – caso em que nos aproximamos do luto. Também aí, uma distinção estrita demais não seria pertinente, já que o próprio da dor é tornar pouco nítidas as fronteiras. Não há dúvida de que a dor psíquica depende, em última análise, de uma perda do objeto real ou fantasmático – mas reconhecê-lo não nos ajuda muito, pois essa perda está na origem tanto da angústia . . . como do desejo. No caso da dor, o objeto deixa de ter a função de* abonador *possível; ele é, no melhor dos casos, um substituto e, por trás desse substituto, há um outro substituto: "transferência" infinita. Irremediavelmente perdido, mas sempre mantido, o objeto não poderia ser reencontrado pela via da*

> *representação, que torna presente um outro, a um só tempo mesmo e diferente. Lá onde há dor, é o objeto ausente, perdido, que está presente; o objeto presente, atual, que está ausente. De repente, a dor da separação parece secundária em comparação com uma dor nua, absoluta.* A cena *psíquica pode parecer povoada, mas está povoada de sombras, de figurantes, de fantasmas, a* realidade *psíquica está em outro lugar, mais enquistada do que recalcada. (Pontalis, 1977/2005, p. 272, grifo do original)*

A peculiar relação de objeto, que então se estabelece aos moldes de uma transferência "infinita", exige do analista manejos específicos. Entender que se trata de tentar acessar uma realidade psíquica "enquistada",[1] e não recalcada nesses casos, representa enfrentar desafios particulares. Em especial no que se refere ao espaço e ao tempo. Na proposta do escritor, dor gera um acoplamento do dentro e do fora, do passado e do presente, da realidade e da fantasia, um "corpo a corpo" difícil de desmanchar (Pontalis, 1977/2005, p. 278).

Encontramos em André Green uma proposta metodológica interessante. O analista defende que, no manejo de casos em que a dor predomina, é preciso eleger como objeto da análise uma forma de relação que facilite o acesso à metáfora do objeto, algo que não se situe nem no analista nem no paciente, mas no "*link* entre eles". Suas palavras são "*ni mien, ni tien: lien*" (Green, 1983, p. 155). Ou seja, talvez seja preciso retornar à apresentação de um objeto que

---

1 Embora Pontalis tenha escolhido o adjetivo "enquistada" (*enkystée*) e Laplanche fale de uma instância encravada (*enclavé*), inconsciente encravado, parece-nos que ambos os colegas se esforçam em se aproximar de um mesmo acontecimento. Qual seja, a presença de um "fora" que resiste estrangeiro dentro do psiquismo e seus efeitos.

possa ser mesmo e diferente, simultaneamente. Modular um ritmo de contato com a alteridade[2] que introduza uma certa aprendizagem da espera de um outro que não seja a cada vez um novo susto. Um pouco igual e um pouco diferente; um pouco repetição, um pouco alteração. O mesmo e o outro interligados por uma aliança de cumplicidade que possa garantir na relação certa ilusão de infinito, de transferência "infinita", como a impressão que nos causa quando nos encontramos entre dois espelhos paralelos.

Talvez tenhamos avançado rápido demais e nosso leitor pode estar experimentando certa vertigem, como quando, depois de um tempo escalando despreocupados, nos damos conta da altura na qual nos metemos. Geralmente, nesses momentos, não há mais como retroceder, teremos que seguir em frente, mas tentaremos recuperar nosso propósito enquanto retomamos o fôlego para seguir.

O que os autores franceses propõem sobre o manejo do analista, quatro ou cinco décadas para frente do ponto em que estamos com Freud, os anos 1930, encontra sementes na última década produtiva do nosso mestre. Nesse momento avançado de sua vida e obra, o analista vienense já havia sido forçado, como viemos testemunhando, a abandonar os limites rígidos entre dentro e fora, entre constitucional e adquirido, entre saúde e doença.

Ao abandonar algumas dessas perigosas e joviais certezas acerca de como se desenvolvem os adoecimentos, Freud tornava também necessário apresentar a complexidade requisitada ao analista que topasse eleger como objeto de estudo e intervenção o aparelho

2 No texto "A análise finita e a infinita", Freud (1937a/2020) afirma, timidamente e de passagem, que talvez fosse possível entender os tipos psicológicos a partir de alterações no ritmo de desenvolvimento da vida psíquica. Embora ele não esteja falando exatamente sobre o ritmo de contato com a alteridade, parece-nos que aqui se apresenta uma intuição freudiana acerca da correlação entre ritmo e adoecimento apontada por nós.

psíquico nos moldes propostos a partir de 1923, apresentado por ele em "O Eu e o Id".

O texto eleito para abrir essa discussão data de 1937 e tem em seu título o anúncio de um dos paradoxos em que a teoria psicanalítica arremessou a técnica, "A análise finita e a infinita". Haveria final para essa ousada prática? A essa pergunta capciosa o autor responderá sim e não, como fará com diversas outras que cruzarão o seu percurso a partir de então, comprovando que a complexidade que a psicanálise alcançou não tolera mais respostas absolutas. Se o alvo da intervenção do analista é o inconsciente – ou os inconscientes – e este é claramente infinito, consequentemente não haveria término para sua tarefa. Por outro lado, a recomendação freudiana não é que as análises se estendam indefinidamente no tempo; pelo contrário, ele defende que tenham começo, meio e fim, e ainda que sejam breves. Vejamos pouco a pouco suas propostas.

No início desse trabalho, Freud recupera o caso do Homem dos Lobos e faz uma espécie de *mea culpa* sobre o manejo utilizado (discutido em nossa terceira década) de abreviar o tempo da análise. Reconhecendo a improdutividade de tal intervenção, o analista reinveste a ideia de que as repetições e as resistências exigem paciência e tempo. Não apenas a pressa é inimiga da perfeição em uma análise como pode impedir qualquer progresso em determinados aspectos, "enquanto uma parte do material se torna acessível sob a pressão *[Zwang]* da ameaça, outra parte permanece reclusa e com isso é soterrada e se perde para o esforço terapêutico" (Freud, 1937a/2020, p. 318).

Algumas páginas a seguir, na mesma obra, Freud recupera também o trabalho de análise feito com Sándor Ferenczi e, dessa vez, irá se defender das acusações feitas a ele pelo discípulo e paciente. Ferenczi o acusa de não ter trazido para análise os aspectos negativos da transferência, o que o teria privado de avançar em sua análise. Freud responde alegando que não havia indícios de transferência negativa e, portanto, não teria como tratar o que não estava presente. Se, por um lado, o autor está explicitando um ponto fundamental da prática analítica – qual seja, a impossibilidade de tratar profilaticamente fenômenos ainda não manifestos de alguma forma –, por outro, parece-nos um tanto exagerado supor a inexistência de uma transferência negativa porque ela não se fez ver, ressalva que o próprio Freud faz responsabilizando a "estreiteza dos horizontes naqueles primórdios da análise" (Freud, 1937a/2020, p. 322).

Veja que aqui podemos supor novamente um sim e um não de Freud em relação à crítica que recebe. Embora ele a rebata de "bate e pronto", seria possível para Freud nesse momento defender não haver indício de transferência negativa em uma experiência analítica? Poderia um analista se furtar a ver o que o paciente não mostra? Mas não é exatamente esta a função do analista: ver o que não se apresenta de forma explícita?

Apresentar essas críticas tem relação com a estratégia utilizada no texto; o objetivo da pesquisa de Freud sobre o final das análises é investigar os obstáculos encontrados no percurso e apresentar possibilidades de superá-los. Ele elenca três fatores determinantes de uma análise: trauma, força pulsional e alterações do Eu (Freud, 1937a/2020, p. 325).

Os dois primeiros elementos dessa tríade não podem ser entendidos separadamente. Pulsão e trauma são, desde 1920, inseparáveis. Não é mais possível imaginar um choque traumático que não evoque, pela força de seu impacto, a implosão pulsional de intensidade correspondente. Além disso, aqui Freud postula que novos traumas aumentam a intensidade pulsional circulante dentro do aparelho psíquico (Freud, 1937a/2020, p. 328), ou seja, a etiologia traumática das afecções psíquicas e a etiologia pulsional se unem em uma só hipótese. O contato com o pulsional e suas cargas pré-históricas é traumático e excedente.

Quanto ao terceiro termo da tríade determinante para o trabalho analítico – as alterações do Eu –, também é possível questionar sua "independência". Como já apresentamos, tais alterações não se resumem aos efeitos da repressão, do recalque. Os mecanismos de defesa são múltiplos bem como seus efeitos no Eu. Em 1940, no texto inacabado "A cisão do Eu no processo de defesa", Freud (1940a/2018) apresenta a cisão como resposta do psiquismo à influência de um trauma psíquico (p. 199). Sob a pressão do trauma, o Eu sofreria uma fenda (p. 200), dividindo-se em dois, que podem, funcionando segundo ordens próprias e incompatíveis, sobreviver no psiquismo sem gerar conflitos ou contradições. Tal fenda cresceria ao longo do desenvolvimento, dificultando cada vez mais o acesso ao material inconsciente do qual o Eu se defende.

> *A força pulsional constitucional e a alteração desfavorável do Eu adquirida na luta defensiva, no sentido de uma distorção e limitação são fatores que prejudicam o efeito da análise e que podem prolongar a sua duração até o inconclusível. Somos tentados a responsabilizar a primeira, a força pulsional, também pela formação da outra, a alteração do Eu, mas parece que esta também possui sua própria etiologia, e, na verdade, precisamos admitir que essas condições ainda não são suficientemente conhecidas. Só agora elas estão começando a ser objeto dos estudos analíticos. (Freud, 1937a/2020, p. 321)*

No entanto, o estado inacabado das pesquisas sobre a formação e as deformações do Eu não impede o teórico de propor de forma bastante assertiva que a meta do trabalho de uma análise seria o fortalecimento do Eu. Uma instância egoica mais forte será capaz de realizar o trabalho de domação das pulsões de forma mais efetiva; acolher a pulsão harmoniosamente no Eu e dedicar a ela novos caminhos que evitem as perigosas vias diretas de satisfação. Uma vez mais forte, o Eu poderá negociar com maior consistência em cada eixo de sua tripla dependência: no contato com o mundo externo, com o Isso e com o supereu.

> *A condição dos estados patológicos em questão só pode ser a de um enfraquecimento relativo ou absoluto do Eu, que o impossibilita de realizar suas tarefas. A mais difícil exigência feita ao Eu é provavelmente a contenção das exigências pulsionais do Isso, em face da qual ele tem de realizar grandes dispêndios de contracargas. Entretanto, a exigência do Supereu pode também tornar-se tão forte e inexorável, a ponto de colocar o Eu como que paralisado frente às suas outras tarefas. Supomos, nos conflitos econômicos que aí se dão, que o Isso e o Supereu frequentemente fazem causa comum contra o Eu oprimido, o qual, para conservar sua normalidade, visa apegar-se à realidade. Se os dois primeiros se tornam fortes demais, conseguem afrouxar e alterar a organização do Eu, de modo que sua relação adequada com a realidade é perturbada ou até mesmo suspensa. (Freud, 1940b/2018, pp. 85-87)*

Nesse panorama, a proposta freudiana é que o analista se alie ao Eu enfraquecido, dispendendo esforços em seu auxílio no embate fervoroso com as demais instâncias, que o autor compara a uma guerra. O analista viria como um aliado externo enfrentar a guerra civil travada no território psíquico de seu paciente (Freud, 1940b/2018, p. 87). O dever da análise seria criar condições psicológicas mais favoráveis para que o Eu siga exercendo suas funções

(Freud, 1937a/2020, p. 358). Podemos perceber nessa visão um certo otimismo do velho Freud com seu método.

> *a análise permite que o Eu amadurecido e fortalecido possa proceder a uma revisão desses recalques antigos: alguns serão desmontados, outros serão reconhecidos, mas reconstruídos com material mais sólido. Esses novos diques têm uma durabilidade totalmente diferente dos antigos; podemos confiar que diante da maré alta da intensificação pulsional eles não cederão facilmente. A correção posterior do processo original de recalque, que coloca um fim na supremacia do fator quantitativo, seria, portanto, a verdadeira contribuição da terapia analítica. (Freud, 1937a/2020, p. 329)*

Porém, embora haja otimismo, Freud não subestima seus adversários. As cicatrizes do processo de desenvolvimento libidinal, as famosas fixações já vistas por nós há algumas décadas, exigem trabalho egoico contínua e incessantemente. A fonte quantitativa não cessa, e quanto a isso nosso alcance é limitado. Isso porque comunicar conflitos ainda não existentes não funciona. Essa é uma aprendizagem fundamental; apenas a prática analítica de muitos anos do doutor Freud lhe permite formular a afirmação categórica que apresentamos a seguir:

> *Conta-se ao paciente quais as possibilidades dos outros conflitos pulsionais, despertando nele a expectativa de que algo semelhante possa ocorrer a ele. Espera-se, então, que essa comunicação ou alerta tenham como efeito ativar no paciente um dos conflitos sugeridos em escala menor, mas suficiente para o tratamento. No entanto, dessa vez a experiência nos dá uma resposta*

> *inquestionável. O resultado esperado não acontece. O paciente bem que ouve a mensagem, mas ela não faz eco. Ele deve pensar: isso é muito interessante, mas não sinto nada disso. O saber foi multiplicado, mas nada mudou nesse conhecimento. É mais ou menos como acontece na leitura de escritos psicanalíticos. O leitor só se sente "estimulado" nas passagens em que se sente atingido, ou seja, as que se referem aos conflitos que naquele momento estão agindo dentro dele. Todo o resto não o comove. (Freud, 1937a/2020, p. 337)*

Notem: é preciso que uma transmissão comova o paciente para que seja efetiva. Trata-se de comover, de conversas que toquem profundamente a experiência subjetiva do analisando. Para sustentar seu argumento, Freud compara essa transmissão inócua de saberes com esclarecimentos que os adultos prestam às crianças acerca das experiências sexuais. Ele critica a supervalorização que se dava então à transmissão de conhecimento acerca das práticas sexuais no intuito de prevenir possíveis adoecimentos psíquicos decorrentes do contato das crianças com a sexualidade adulta. De forma bastante simples, ele sustenta que o caráter perturbador da sexualidade é intransponível, e a pergunta "De onde vêm os bebês?" – e seu correlato "De onde eu vim?" – não se resolve com expensas intelectuais não comoventes. "Muito tempo depois de terem recebido o esclarecimento sexual, elas ainda se comportam como os povos primitivos aos quais se impingiu o cristianismo e que, secretamente, continuam a adorar seus antigos deuses" (Freud, 1937a/2020, p. 338).

Com isso, fica claro como por meio de seus múltiplos mecanismos de defesa o Eu trava batalhas nas quais pode sacrificar a verdade em nome de manter sua coesão. Renuncia à verdade em nome de sua coerência – nada mais humano e incoerente. Como vimos com ajuda da chamada bruxa, a metapsicologia freudiana, o processo perceptivo é intermitente, exige um trabalho ativo do psiquismo que, partindo do Isso, lança suas antenas em direção ao mundo exterior. Desse modo, o psiquismo opera os recortes necessários para se manter de alguma forma, sempre parcial, em contato com a realidade. É em busca de entender o que permite e sustenta esse tipo de seletividade no contato com a realidade que Freud alcançará, no final de sua vida e obra, a discussão sobre verdade histórica. Voltaremos em breve a ela e às suas consequências para o método analítico.

Antes disso, traremos para nossa discussão outro texto fundamental para consolidação do método psicanalítico de acesso ao psíquico, "Construções na análise", de 1937. Nesse trabalho, encontramos discussões sobre o método de acesso a certas regiões do psiquismo, em especial às que abrigam o que foi esquecido. Freud retoma a analogia com o trabalho arqueológico fazendo dessa vez uma ressalva a favor do psicanalista, já que este investiga "restos vivos", o que, em sua opinião, torna o trabalho analítico mais fácil do que o arqueológico.

É discutível se a vivacidade dos restos facilita ou dificulta nossa tarefa. Por estarem vivos, esses restos emitem sinais que podem ser percebidos pelo analista atento e receptivo. Porém, tais percepções podem confundir, levar o analista a vias sem saída e atalhos perigosos. De toda forma, Freud afirma categoricamente que no psiquismo nada se destrói, sendo sempre uma questão de método acessar o que parece estar perdido (Freud, 1937b/2020, p. 369).

Uma vez alcançado o acesso a esses restos conservados, o trabalho seria então reconstruir a partir deles, juntando-os e complementando-os, e oferecer os resultados ao paciente, que poderá então confirmar ou descartar as reconstruções. Assim, temos um trabalho que poderia ser esquematicamente dividido em duas partes: a reconstrução e a comunicação.

> *De tudo o que é essencial aqui, o analista não vivenciou nem recalcou nada. O que, então, é a sua tarefa? Ele terá de inferir o esquecido a partir dos sinais por ele deixados, ou, mais corretamente, ele terá de* construir *o esquecido. Como, quando e com que explicações ele comunica as suas construções ao analisando é o que estabelecerá a ligação entre as duas partes do trabalho analítico, entre a sua parte e a do analisando. (Freud, 1937b/2020, p. 367, grifo do original)*

A separação do trabalho em duas partes ou dois momentos nos parece importante e central nos esforços de Freud em diferenciar a prática aqui defendida da velha e malvista sugestão, bastante utilizada nos primórdios da psicanálise, como vimos nos casos apresentados em nossa primeira década. Nesse momento, o analista Freud muito mais experiente e perspicaz propõe que o analista reconstrua, ofereça ao analisando seus pensamentos e aguarde que o analisando faça sua parte, podendo aceitar ou recusar o que lhe foi ofertado. Caso a construção não comova aquele sujeito, seria apenas deixada de lado, sem causar danos nem benefícios. Assim, a comunicação da construção, quando acompanhada de comoção do paciente, poderia ou não levar à recordação do que foi vivido e esquecido (recalcado), gerando nos dois casos os mesmos efeitos terapêuticos (Freud, 1937b/2020, p. 376). De alguma forma, o que Freud está propondo aqui é que o analista fale com o seu paciente sobre o que ele não tem registro de ter vivido. E, mais do que isso, que o comova a partir de um material muitas vezes inédito.

Poderíamos considerar que a proposta freudiana orienta o analista a avançar no trabalho egoico a partir de suas próprias vivências e lançar desde lá uma corda que o analisando pode ou não agarrar. Caso tope e agarre, a dupla analista-analisando avançaria na conquista de um novo território psíquico sob o domínio do

Eu.[3] Vejamos, é um trabalho que conjuga os movimentos de vida e morte descritos por nós na década anterior. Trata-se de uma tarefa que visa tornar próprias regiões ainda não reconhecidas como tal, para que novos investimentos de vida possam, desde lá, partir rumo aos objetos.

É possível notar, nessa última década produtiva do analista vienense, certa prevalência da experiência clínica sobre a teoria que ele sustentará até o final da obra. No prefácio daquele que Freud propunha ser o denso apanhado final da imensidão de ideias criadas por si, o chamado "Compêndio de Psicanálise" de 1940, lemos o seguinte: "As proposições da Psicanálise baseiam-se numa incalculável quantidade de observações e experiências, e somente quem repete essas observações em si mesmo e nos outros está em condições de formar um juízo próprio" (Freud, 1940b/2018, p. 11). Sublinhar esse acento dado à experiência clínica nos parece útil por recuperar o fio que, embora esteja sempre presente em Freud, não é sempre evidente.

É também a partir dos conhecimentos obtidos na experiência clínica, em especial com pacientes psicóticos,[4] que Freud tentará descrever o método aqui proposto; é preciso que o analista alcance conhecimentos seguindo o modelo delirante. Ele utiliza o termo alemão *erraten* para descrever como o analista pode entrar em contato com esses conteúdos psíquicos de difícil acesso à consciência. Tal termo não tem tradução direta para o português, mas sugere

3 Cabe aqui frisar o que já afirmamos algumas vezes: o trabalho do Eu, enquanto instância da forma como é concebida na segunda tópica freudiana a partir de 1923, abrange dimensões conscientes e inconscientes. Logo, o trabalho egoico não pode ser confundido com uma atividade exclusivamente consciente.

4 Embora Freud não tenha larga experiência de análise com pacientes psicóticos, consideramos ser possível remeter suas formulações às experiências clínicas de outros psicanalistas, registradas e comunicadas a ele, que fundamentaram suas proposições teóricas e metodológicas.

algo ambíguo entre adivinhar, intuir e decifrar.[5] A complexidade da reunião desses três verbos nos indica a incerteza que acompanhará o trabalho do analista.

> *As formações delirantes dos doentes parecem-me equivalentes das construções que elaboramos nos tratamentos analíticos, tentativas de explicação e reconstituição, que sob as condições da psicose, aliás, só poderão levar a substituir aquela parte da realidade que é renegada [*verleugnet*] no presente por uma outra parte, que nos primórdios também foi renegada. (Freud, 1937b/2020, p. 379)*

Por outro lado, quando não estamos apenas sob as condições da psicose,[6] esse tipo de reconstrução permitiria o acesso às tais partes renegadas no passado, o que poderia conduzir a recordações ultranítidas (Freud, 1937b/2020, p. 377), similares a alucinações e de grande valia ao trabalho elaborativo. Acesso àquilo que foi porventura vivido e não pensado, o que foi experimentado antes sequer da aquisição da linguagem e que deixou marcas profundas. Ou seja, aquilo que, embora presente no psiquismo, atua como estrangeiro, assediando constantemente na "tentativa"

---

5 Essa sugestão é proposta por Pedro Heliodoro Tavares, responsável pela tradução do livro *Compêndio de psicanálise e outros escritos inacabados*, que compõe as Obras Incompletas de Sigmund Freud lançadas pela editora Autêntica (2018, p. 186).

6 Vale a pena sublinhar que, para Freud, nunca se está apenas na psicose. Como lemos em seu "Compêndio de Psicanálise" (1940b/2018), o Eu nunca consegue se afastar completamente da realidade. Segundo ele, mesmo nos casos mais extremos, os relatos dos pacientes denunciam que "uma pessoa normal se escondia em algum recôndito de sua alma, segundo suas próprias palavras, a qual, tal qual um observador imparcial, deixava o fantasma de sua doença passar através dela" (p. 165).

de – se quisermos ser otimistas – ou na "resistência" a – sendo pessimistas – tornar-se próprio. No texto em destaque, Freud (1937b/2020) segue seu argumento:

> *Essencial aí é a afirmação de que a loucura não só tem método, como já reconhecera o poeta, mas também contém uma parte de verdade histórica, e nos é lícito supor que a crença obsessiva que a loucura encontra extrai sua força justamente de tal fonte infantil. Para demonstrar essa teoria, hoje tenho apenas reminiscências à minha disposição, e não impressões recentes. Provavelmente valeria a pena estudar casos patológicos correspondentes de acordo com os pressupostos aqui desenvolvidos e também estabelecer os fundamentos segundo eles. Certamente abandonaríamos o esforço inútil de convencer o doente do erro de seu delírio, de sua contradição diante da realidade, encontrando antes e muito mais um fundamento comum no reconhecimento do cerne da verdade, a partir do qual se poderá desenvolver o trabalho terapêutico. Esse trabalho consistiria em libertar aquela parte de verdade histórica de suas deformações e ligações [*Anlehnungen*] com o presente real, reconduzindo aquela parte do passado à qual pertence. O deslocamento da pré-história esquecida para o presente ou para a expectativa do futuro é uma ocorrência regular, também no neurótico. (p. 378)*

Retornamos então à verdade histórica, como havíamos prometido. Essa ideia é bastante importante ao autor e será mais profundamente desenvolvida em seu livro *Moisés e o monoteísmo*, no qual, entre diversas outras discussões, ele recuperará sua concepção de trauma em articulação com a verdade histórica. Escrito entre 1934 e 1938 e publicado em 1939, esse trabalho nos servirá para acompanhar de perto como o que apresentamos até aqui sobre o método clínico se articula com o eixo de nossa pesquisa acerca do trauma e sua relação com a sexualidade e a alteridade.

De saída vale registrar que lemos neste trabalho a afirmação contundente acerca da irrelevância da diferenciação entre etiologia traumática e não traumática dos adoecimentos (Freud, 1939/2018, p. 104). Freud recupera o conceito de série complementar para justificar que o que tem efeito de trauma para uma pessoa não o tem necessariamente para outra. Logo, os fatores traumáticos e constitucionais se unem em compensação, estando sempre presentes em alguma medida na causação das patologias.

Dito isso, segue-se uma apresentação esquemática do conceito de trauma e sua articulação com o sexual. Dada a relevância de uma apresentação como esta, nesse momento derradeiro da obra freudiana, correremos o risco de pecar pelo excesso, e deixaremos o mestre falar com suas próprias palavras.

> *I. a) Todos esses traumas pertencem à primeira infância, até cerca de cinco anos. Impressões da época em que a criança começa a falar são particularmente interessantes; o período de dois a quatro anos aparece como o mais importante; não é possível determinar seguramente quando, após o nascimento, começa esse período de receptividade. b) As vivências em questão são, em regra, inteiramente esquecidas, inacessíveis à lembrança; situam-se na época da amnésia infantil, que muitas vezes é atravessada por resíduos mnêmicos isolados, as chamadas "lembranças encobridoras". c)* Elas dizem respeito a impressões de natureza sexual e agressiva, e também, certamente, a remotos danos sofridos pelo Eu (ofensas narcísicas). *Quanto a isso,*

devemos observar que as crianças assim pequenas não distinguem claramente, como farão depois, entre ações sexuais e puramente agressivas (má compreensão sádica do ato sexual). A preponderância do fator sexual é marcante, naturalmente, e exige consideração teórica.

Esses três pontos – o fato desses traumas surgirem cedo, nos primeiros cinco anos; seu esquecimento e o conteúdo sexual-agressivo – são estritamente ligados. Os traumas são ou vivências sofridas no próprio corpo ou percepções sensoriais, geralmente de algo visto e ouvido; ou seja, vivências ou impressões. A relação entre esses três pontos é estabelecida por uma teoria, um resultado do trabalho analítico, o único que pode proporcionar conhecimento das vivências esquecidas ou, dito de forma mais viva, embora também mais incorreta, trazê-las de volta à lembrança. *Essa teoria afirma que, contrariamente à opinião popular, a vida sexual humana – ou o que a ela corresponde numa época posterior – mostra um florescimento precoce, que termina aproximadamente aos cinco anos e é seguido pelo chamado período de latência – até a puberdade –, no qual não prossegue o desenvolvimento da sexualidade e o que se alcançou é inclusive anulado. . . . Não pode ser irrelevante, psicologicamente, que o período da amnésia infantil coincida com esse primeiro período da sexualidade. Talvez esse fato produza a efetiva condição para a possiblidade de uma neurose, que é, em determinado sentido, uma prerrogativa humana, e nesta consideração* aparece como um vestígio (survival [remanescente]) da pré-história, *tal como certos elementos da anatomia de nosso corpo. (Freud, 1939/2018, pp. 105-107, grifos nossos)*

Traumas são experiências de contato com o sexual – em sua forma objetal ou narcísica[7] –, e apenas o trabalho analítico pode promover acesso ao que foi assim esquecido, ou nunca sequer lembrado, mas aparece como vestígio da pré-história daquele sujeito. Quanto aos efeitos desse tipo de acontecimento no psiquismo, para além de sua condição póstuma, Freud ressalta o seu caráter compulsivo e uma certa impermeabilidade ou independência em relação aos outros processos psíquicos e à realidade externa. "São, por assim dizer, um Estado dentro do Estado, um partido inacessível, inapto para o trabalho conjunto, mas que pode ter êxito em subjugar o outro, o assim chamado normal, e pô-lo a seu serviço" (Freud, 1939/2018, p. 108). Em nome de sustentar sua verdade histórica, submetem tudo ao seu redor e insistem sem cessar. Desse modo, o trauma é colocado no foco da investigação acerca do caráter obsessivo das fantasias nas psicopatologias e também das ideias religiosas.

Por essas características é que Freud afirma que só é possível entender a impotência do pensamento lógico diante de tais construções se compreendemos o modelo do delírio psicótico, na parcela de verdade histórica, esquecida, que ele carrega. Consequentemente, o método de acesso a esse material deverá se fazer nos mesmos moldes. Vemos, portanto, como Freud postula, a

---

7 A ênfase dada no livro *Moisés e o monoteísmo: três ensaios* às feridas narcísicas sofridas pela criança nos primeiros anos de vida é sublinhada por Ilse Grubrich-Simitis (2001) em seu trabalho *Freud: primeiros textos e textos da maturidade – Lendo Estudos sobre a Histeria e Moisés e o Monoteísmo sob nova ótica* ao qual remetemos o leitor interessado no tema. Segundo a autora, no texto de 1940 encontram-se os embriões do que será desenvolvido pela psicanálise dita moderna acerca das relações objetais e das etiologias dos distúrbios narcísicos, psicóticos e limítrofes. Ela discute, entre outras coisas, como ao final da vida a atenção de Freud se volta novamente para o aspecto do que vem de fora e traumatiza, e o relaciona ao que o homem Sigmund Freud vivia pessoal e socialmente enquanto produzia os textos.

partir das discussões sobre verdade histórica, uma teoria acerca dos adoecimentos em que se trata sempre de reminiscências, independentemente da patologia em questão. Extrapola a hipótese formulada no início de seus estudos, ainda em parceira com seu então mestre doutor Breuer, para muito além da afecção histérica.

Como numa caminhada em espiral, topamos então, ao final de nossa última década, com elementos presentes na primeira que se reapresentam aqui numa complexidade infinitamente maior. Poderíamos afirmar que os mesmos conceitos – trauma, fora, dentro, sexualidade e outro – não significam a mesma coisa nos dois momentos da caminhada, dada a amplitude que conquistaram. Seria verdade e também mentira. Ao fincar os dois pés na sua própria experiência, do começo ao fim de sua obra, nosso pesquisador garante uma consistência interna invejável ao que produz. Além, é claro, de fundar um solo fértil e vasto o bastante para que seus inúmeros sucessores se sirvam daquilo que, porque os comove, lhes pareça mais "historicamente verdadeiro".

Considerações finais

O que comove cada um na leitura dos textos psicanalíticos? Levar essa questão às últimas consequências significa admitir que também o trabalho de pesquisa e produção de conhecimento em psicanálise envolve o contato vivo do pesquisador com "os conflitos que naquele momento estão agindo dentro dele" (Freud, 1937a/2020, p. 337). E esperamos que não os surpreenda, dado todo o percurso percorrido até aqui, o fato de que nossa proposta de retorno a Freud inclui de saída essa perspectiva e, portanto, não se pretende unívoca.

As discussões finais da obra freudiana acerca da verdade histórica e do modelo delirante de acesso aos conteúdos psíquicos colocam o saber psicanalítico em uma dimensão bastante singular. Afinal, não poderíamos ser ingênuos a ponto de imaginar que tais conceituações acerca do método analítico e do contato humano com a realidade não impactassem o próprio desenvolvimento da psicanálise, de suas construções teóricas e técnicas, ao longo das várias décadas de sua existência. Inúmeros são os trabalhos que dão destaque a essa perspectiva, articulando, por exemplo, o que ocorria na vida do homem Sigmund Freud com cada momento de sua produção científica e discutindo como essas duas dimensões, vida e obra, se intercruzam. Esse não foi o nosso caso.

Para nós, eleger o trauma como eixo em torno do qual reconstruímos a obra de Freud desde nossa mirada envolveu trabalhar com aquilo que mais nos comove em nossa dedicação aos estudos e à prática psicanalítica. Afinal, foram os restos vivos de nossa própria experiência os responsáveis pela escolha dessa trilha. E, assim como o que tem efeito de trauma para uma pessoa não o tem necessariamente para outra, o que comove cada um que se dedica a se aventurar nos labirintos da psicanálise é absolutamente singular, se olharmos para cada uma das articulações propostas em suas filigranas.

Entretanto, embora seja um percurso singular, não é – nem poderia ser – um percurso feito de maneira solitária. Como anunciamos desde o início, encontramos em nossos caminhos inúmeros pensadores também interessados e comovidos pelos efeitos e desfeitos do traumático, com os quais pudemos fazer interlocuções férteis e profícuas.

Concordamos com o que afirmam Baranger, Baranger e Mom (2009):

> *Todos os comentadores de Freud concordam que o conceito de trauma psíquico evolui consideravelmente à medida que Freud elabora e modifica o edifício teórico da psicanálise; concordam também sobre o significado dessa evolução: ampliação progressiva da conotação do conceito; um crescente afastamento do conceito médico de trauma como uma ruptura brusca na homeostase orgânica ou como lesão; aumento da diversidade e complexidade das situações traumáticas; metapsicologia mais complexa. . . . Claro que a nossa leitura de Freud não é exatamente a mesma: as diferenças surgem*

> *não do estudo aprofundado dos textos de Freud que todos nós fizemos, mas de uma questão de ênfase – isso é, do fato de obviamente termos lido Freud* a posteriori. *(pp. 108-109, tradução nossa)*

Ler Freud *a posteriori* implica chegar a ele atravessado por questões que diversos psicanalistas posteriores ao grande fundador lançaram nesse terreno, por isso a ideia de um retorno singular à obra freudiana nos é cara: re-tornar a Freud. Além disso, como aprendemos com o mestre, tanto a constituição do trauma quanto o trabalho de representação, fundamental a qualquer processo elaborativo, dependem fundamentalmente dessa condição do *a posteriori (Nachträglichkeit)*. O fato de o trabalho elaborativo acontecer em – e exigir – dois (ou mais) tempos é a própria condição do trabalho analítico. Caso os acontecimentos psíquicos traumáticos seguissem uma linearidade temporal e causal, nós perderíamos a chance de transformar experiências, o que tornaria a psicanálise inócua. Como os autores citados acima chamam atenção, neste mesmo trabalho, "a mesma retroatividade que atuou na constituição da situação traumática pode também ser usada, através da interpretação, para desfazer o que constituiu, para reintegrar os elementos das situações traumáticas em novas dinâmicas temporais" (Baranger, Baranger & Mom, 2009, p. 113, tradução nossa).

Animados pela pergunta de Freud "Quando é que uma pessoa fica histérica, em vez de paranoide?", percorremos um caminho que extrapolou muito a questão da escolha da neurose que tal interrogação explicita. Mantendo a atenção voltada à sexualidade, às questões etiológicas e ao interjogo entre fora e dentro presente em toda a obra freudiana, pudemos deslocar a questão da escolha da neurose para os pormenores da constituição psíquica e seus processos de saúde e adoecimentos. Acompanhamos o doutor Freud inverter diversas vezes o vetor "fora > dentro > fora" da sexualidade e do trauma, até alcançar uma complexa relação de oposição e complementaridade entre os dois termos ao reunir, a partir de 1920, pulsão e trauma com a criação do segundo dualismo pulsional. Nesse ponto, concordamos com Weiss (2021) que "mais do que qualquer outro corpo teórico, a psicanálise tem conceituado as experiências traumáticas como emergentes da complexa interação entre realidades externas e internas" (p. 759, tradução nossa).

Ao final do trajeto, registramos como é possível encontrar na obra freudiana uma leitura que privilegia o que se chama hoje uma perspectiva continuísta da psicopatologia. Ao conceituar a cisão do Eu como defesa arcaica que, devido ao impacto do trauma, divide o Eu em duas ou mais partes que funcionam em registros e lógicas diferentes, Freud defende que, mesmo nos adoecimentos mais psicóticos, o Eu nunca está totalmente afastado da realidade.

A ideia de cisão como mecanismo de defesa arcaico, por exemplo, tão importante para pensar os efeitos do traumático, embora tenha sido organizada como conceito em um dos últimos textos de Freud (1940a/2018), tinha presença em seus pensamentos desde os "Estudos sobre a histeria" (1893-1895), nos quais tal mecanismo – naquele momento chamado "cisão da mente" – é citado diversas vezes como responsável pelos adoecimentos histéricos. Não se trata exatamente da mesma apreensão do fenômeno, mas são inegáveis as semelhanças entre o que discute nos dois trabalhos. Como destaca Ilse Grubrich-Simitis (2001),

> *Um novo momento de autoanálise forneceu-lhe pela primeira vez os profundos* insights *dos mecanismos de defesa arcaicos – em particular, a* cisão. *Essas palavras devem ter feito a ponte que lhe permitiu voltar aos Estudos, pois a cisão tem um papel central no livro inaugural da psicanálise, mesmo que a frase "cisão da mente" usada ali signifique apenas a distinção*

> *específica para a histeria, entre as ideias que conseguem entrar na consciência e as que não; em outras palavras, falta a dimensão de profundidade que Freud deu ao termo nos últimos textos, no senso de uma descrição de alterações do ego induzidas pelo trauma, uma dimensão de profundidade que posteriormente deveria colocar seu selo na psicanálise moderna dos distúrbios não só narcísicos, mas também* borderline *e psicóticos. (pp. 67-68)*

O retorno da ideia de cisão, que a citação descreve de forma clara, é apenas um dos inúmeros resgates que pudemos acompanhar Freud fazer ao longo de sua obra. Diversas ideias retornam em versões cada vez mais profundas, complexas e bem desenvolvidas. Tais retornos não raro nos aproximam daquilo que ainda hoje, mais de um século depois, segue sendo objeto de estudo e intervenção da chamada psicanálise contemporânea. Mas não poderemos aqui recuperar os *links* apresentados ao longo de nossa aventura pelas décadas freudianas, o que tornaria nossa tarefa repetitiva e improdutiva. Contentar-nos-emos em recuperar o ponto do qual partimos para retornar ao pai da psicanálise e apontar para onde e com quem desejamos seguir.

Os dois pontos privilegiados de atenção com os quais atravessamos o campo do traumático nas cinco décadas da produção escrita de Sigmund Freud – o papel da sexualidade e os efeitos do contato com a alteridade –, ainda que tenham ganhado amplitude e nitidez, seguem sendo restos vivos que nos assediam, desde fora e desde dentro, e animam nosso desejo – e, por que não dizer, nossa necessidade – de seguir trabalhando.

Para isso, poderemos agora recuperar os dois autores eleitos para seguir nosso trajeto em torno do trauma como eixo que articula a metapsicologia e a clínica em psicanálise. Parece que o que nos comoveu em Freud e nos levou a trilhar os caminhos expostos até aqui foi, em alguma medida, também parte do que comoveu esses autores e os fez avançar em direções que, embora diversas, permitem um diálogo promissor. Deixamos Sándor Ferenczi e Jean Laplanche há tantas décadas que talvez seja importante recuperar o fio que tecemos entre esses três mestres psicanalistas. Para isso, apresentaremos dois recortes das letras de Freud no final de sua vida e obra que servirão para recuperar de alguma forma o que anunciamos na introdução deste trabalho, a fim de refrescar nossas memórias.

O primeiro recorte visa ratificar como a atenção do pesquisador se mantém, do início ao fim de seus trabalhos, voltada às experiências sexuais infantis como a matriz para a qual podemos remeter as diversas manifestações psicopatológicas; o que o autoriza a afirmar que "a criança é psicologicamente o pai do adulto" (Freud, 1940b/2018, p. 123). Embora a ênfase dada seja ao intrapsíquico, à pulsionalidade inata e biológica, à herança filogenética, não nos parece justo excluir da ótica freudiana o olhar para o ambiente, para o intersubjetivo. Demonstramos diversas vezes ao longo das décadas como, ainda que menos em destaque, Freud atenta para o papel do objeto.

Por isso, quando dizemos aqui "experiências sexuais infantis" queremos, mais uma vez, chamar sua atenção quanto ao que vem de fora, da realidade, sem, é claro, descartar todo o engatilhar de fenômenos que essas vivências disparam dentro. Já aprendemos que não há como separar os dois elementos dessa equação. De todo modo, a importância do que acontece entre o aparelho psíquico e o meio não foi menosprezada por Freud. Em seu Compêndio inacabado de 1940, ele responde à sua própria pergunta, sobre qual seria a vivência da infância de central importância para o desenvolvimento psíquico posterior, da seguinte forma:

> *Nossa atenção é atraída em primeiro lugar pelos efeitos de certas influências que não dizem respeito a todas as crianças, embora sejam muito frequentes, tais como o abuso sexual de crianças por adultos, sua sedução por outras crianças mais velhas (irmãos/irmãs) e, algo muito inesperado, a forte comoção ao testemunharem, pela audição ou visão, manifestações de ordem sexual entre adultos (os pais), sobretudo numa época em que se imaginaria não se interessarem ou compreenderem tais impressões, ou mesmo que tivessem condições de recordá-las mais tarde. É fácil comprovar em que medida a sensibilidade sexual da criança é despertada por tais vivências e é impelida por seus próprios anseios sexuais por certas vias que posteriormente não poderá abandonar. Como essas impressões recaem sobre o recalque logo em seguida ou tão logo queiram retornar como lembranças, elas estabelecem o condicionante para a compulsão neurótica que depois impulsionará ao Eu dominar a função sexual e provavelmente o fará se distanciar dela permanentemente. Essa última reação terá como resultado uma neurose, mas, se não ocorrer, variadas perversões vão se desenvolver, ou haverá uma insubordinação da função, cuja importância é imensa não apenas para a reprodução, mas também para toda a configuração da vida. (Freud, 1940b/2018, pp. 123-125)*

Notamos como, embora muito tenha sido questionado acerca da realidade inescapável da experiência traumática relacionada ao contato com o sexual, ela não foi inteiramente descartada em nenhum momento. Sándor Ferenczi, que participou da construção do edifício teórico freudiano e a acompanhou de muito perto, recuperou essa ideia e nela engajou grande parte de suas pesquisas clínicas e teóricas. Como efeito, pôde avançar por caminhos diferentes daqueles que seu mestre seguiu, abrindo novas veredas para os que vieram depois de si e puderam aproveitar seu legado.

Não seria exagerado afirmar que a conceituação de trauma psíquico se desenrolou no diálogo intenso entre Freud e Ferenczi, seja pelas publicações, seja diretamente pelas correspondências entre os dois (Dal Molin, 2016, pp. 1-2). Objeto de muito investimento científico de ambos, o desenho do conceito de trauma em Freud carrega cicatrizes evidentes dos embates fervorosos com este discípulo. Como afirma Judith Dupont em seu prefácio ao *Diário clínico* de Sándor Ferenczi (1969/1990), em uma carta datada de 25 de dezembro de 1929, o discípulo húngaro expõe a seu mestre suas novas descobertas, enfatizando seu interesse na etiologia das patologias psíquicas em articulação com os traumatismos e propondo reformulações no método que apontassem para efeitos terapêuticos mais exitosos do que os que se alcançavam pelo tratamento dito "clássico". Reproduziremos a citação recortada pela autora em sua integralidade, dada sua relevância ao argumento que pretendemos expor:

> *A minha disposição interior tende, na realidade, para a pesquisa e, liberto de toda ambição pessoal, mergulhei com redobrada curiosidade no estudo dos meus casos . . . Em poucas palavras, posso-lhe dizer mais ou menos o que se segue:*
>
> *Em* todos *os casos onde penetrei em profundidade suficiente, encontrei as bases traumáticas históricas da doença.*
>
> *Nos casos em que conseguimos chegar aí com êxito, o paciente e eu, o efeito terapêutico foi muito mais*

> *importante. Em muitos casos, tive que chamar de volta para um pós-tratamento casos já "curados".*
>
> *A opinião crítica, que durante esse tempo foi-se criando em mim, é que a psicanálise pratica de um modo excessivamente unilateral análises de neuroses obsessivas ou análises de caráter, isto é, uma psicologia do Ego, negligenciando a base orgânico-histérica da análise; a causa disso reside na superestimação da fantasia e na subestimação da realidade traumática na patogênese . . . As experiências recém-adquiridas (embora remontando quanto ao essencial a coisas antigas) recaem também, naturalmente, sobre certas particularidades da técnica. Certas medidas demasiado duras devem ser suavizadas, sem se perder inteiramente de vista a intenção educativa secundária. (Ferenczi, 1969/1990, p. 12, grifo do original)*

Freud o responde com desdém, comunicando seu desinteresse pelos aspectos terapêuticos das análises. Como acompanhamos nos trabalhos da última década produtiva de Freud, sua opinião era de que as análises deveriam, sim, centrar seus esforços no fortalecimento do Eu. No entanto, o debate entre os dois segue, no campo da teoria e da técnica psicanalíticas, levando, por fim, ao rompimento da dupla. A crítica de Ferenczi se direciona à tentativa de reequilibrar a importância dada à fantasia e ao papel do ambiente (realidade externa) na patogênese do trauma, pois para ele a retomada do equilíbrio traz consigo a importância do reconhecimento do trauma real e de como tratá-lo com maior efetividade (Dal Molin, 2016, p. 173).

É exatamente neste ponto, o aspecto intersubjetivo do evento traumático, que Ferenczi centrará seus esforços empenhando-se em avançar na articulação das ideias de Freud com o que sua clínica – na qual as neuroses traumáticas e os chamados casos difíceis tinham prevalência – lhe revelava. Seu esforço contínuo é em articular as ideias freudianas, fazendo-as avançarem até o alcance do que os desafios clínicos exigiam; quando isso não foi possível, a escolha foi desenvolver novos pensamentos que servissem à sua experiência.

Caminhamos ao longo das cinco décadas produtivas de Sigmund Freud garimpando indícios da atenção do mestre a esse aspecto. O que anunciamos de saída, no nosso mapa de trajeto (apresentado no final da nossa Introdução), como "o lugar que o outro (aspectos da realidade externa) ocupa na eclosão de uma situação traumática e em seu desenvolvimento", e pudemos ver avançar e retroceder nas reflexões freudianas, será objeto de privilegiado interesse de Sándor Ferenczi.

Para ele, o encontro entre um adulto e uma criança é potencialmente traumático por se tratar de registros de intensidades muito diferentes, o que sensibiliza o encontro provocando altos riscos de confusão entre eles. Tais confusões estariam na base do que ele conceitua como trauma, que, assim como em Freud, implica as dimensões do dentro e do fora, evidentemente.

> *O resgate da concepção de trauma empreendido por Ferenczi tem sua originalidade no procedimento de composição por meio do qual redimensionou elementos das duas teorias do trauma formuladas por Freud: a teoria da sedução (Freud, 1896), e a teoria do trauma como excesso pulsional (Freud, 1920). Da primeira, Ferenczi extraiu a noção de que na origem do acontecimento traumático encontra-se um agente externo provocador, e de que a experiência disruptiva sucede em momentos distintos, sendo que o evento perturbador original é ressignificado* a posteriori (nachträglich). *Da segunda,*

> *adotou a ideia de que o choque traumatizante tem como efeito a emergência de um excesso pulsional não simbolizado cuja intensidade insuportável impele o aparelho psíquico a tentativas de evacuação que, na maior parte das vezes, assumem uma dimensão destrutiva ou mesmo mortífera.* (Kupermann, 2019, p. 57)

Teremos melhores condições para compreender a alta complexidade da clínica apresentada por Ferenczi se pudermos refazer os fios, nem sempre demonstrados, entre o que ele propõe e as ideias freudianas com as quais estava dialogando. Reconhecer o que comovia Ferenczi na letra de Freud e no que ele pôde avançar por se deixar comover verdadeira e profundamente pelo impacto das experiências transferenciais vivenciadas com seus pacientes pode enriquecer nosso contato com a obra desse autor tão importante para o campo psicanalítico.

Neste momento, basta-nos, para justificar nossa escolha, apresentá-lo a vocês como o pioneiro na psicanálise a recuperar a temática dos traumatismos como central no desenvolvimento da teoria e, principalmente, da técnica psicanalítica. Como ele mesmo expõe de forma bem-humorada no encerramento de seu trabalho *Análises de crianças com adultos* (Ferenczi, 1928/1992), apresentado na ocasião do 75º aniversário de Freud:

> *Não ficaria surpreendido se esta exposição, como algumas outras que publiquei nos últimos anos, lhes desse a impressão de uma certa ingenuidade de meus pontos de vista. Que alguém, após 25 anos de trabalho analítico, comece de repente a espantar-se diante do fato do traumatismo psíquico, eis algo que poderá parecer-lhes tão surpreendente quanto o caso de um engenheiro meu amigo que, tendo-se aposentado após*

> *50 anos de serviço, ia todos os dias, depois do almoço, à estação ferroviária para admirar a partida dos trens e exclamar, uma vez por outra: "Que maravilhosa invenção que foi a locomotiva!" É possível que eu tenha contraído essa tendência, ou essa capacidade de considerar ingenuamente o que nos é familiar, no contato com o nosso mestre que, quando de uma de nossas estadas estivais em sua residência, inesquecíveis para mim, surpreendeu-me uma manhã com estas palavras: "Sabe Ferenczi, o sonho é verdadeiramente uma realização de desejo!" e passou a contar-me seu último sonho que, com efeito, era uma clara confirmação da sua genial teoria dos sonhos. (p. 95)*

Uma vez feito nosso primeiro resgate, vamos ao segundo recorte do mesmo texto freudiano de 1940, que nos servirá para recuperar as questões de interesse do nosso outro interlocutor. Essas, talvez um tanto mais controversas, aludem à abandonada teoria da sedução da primeira década. Constatamos, ainda nesse último escrito, a recuperação da ideia de sedução em uma nova roupagem.

> *O primeiro objeto erótico da criança é o seio da mãe que a alimenta; o amor surge apoiado no apaziguamento da necessidade de nutrição. Por certo, o seio não é distinguido inicialmente do próprio corpo; quando o seio tem de ser separado do corpo e deslocado para "fora", porque a criança com tanta frequência sente sua falta, ele carrega consigo, na qualidade de "objeto", uma parte das cargas libidinais originariamente narcísicas. Posteriormente esse primeiro objeto completa-se na pessoa da mãe, que não apenas alimenta, mas também dela cuida e, assim, desperta na criança tantas*

> *outras sensações corporais, prazerosas e desprazerosas. Através dos cuidados do corpo,* ela se torna a primeira sedutora da criança. *(Freud, 1940b/2018, p. 127, grifos nossos)*

A mãe seduz a criança para a vida por meio de seus cuidados com o corpo infantil. Ao alimentar e cuidar de seu bebê, ela o libidiniza e, ao se deslocar para fora, inaugurando o contato com a alteridade, o bebê carrega consigo cargas libidinais antes narcísicas. As infinitas nuances desses movimentos inaugurais configuram os descritos traumas, que estruturam e desestruturam um psiquismo em vias de se constituir. Implementa-se assim o excesso que impulsiona o trabalho de ligação e o ataca, simultaneamente.

Seria essa uma retomada da ideia então abandonada de que os adoecimentos – ou aqui já faria mais sentido dizer "a constituição psíquica" – partem dessa primeira inescapável sedução materna? Retornaríamos então à Neurótica abandonada em 1897, em uma nova versão, segundo a qual toda produção psíquica – patológica ou não – deriva de uma experiência de sedução entre um adulto e uma criança?

Enfim, ideias polêmicas que serão retomadas e retrabalhadas ao longo das várias décadas seguintes por diversos autores, entre os quais destacamos o psicanalista francês Jean Laplanche.

Como já descrito anteriormente, Laplanche centra seus esforços no resgate da primeira teoria da sedução de Freud. Justificando o equívoco de seu abandono, o autor propõe novos fundamentos que reintroduzem e enfatizam a primazia da alteridade na constituição do psiquismo. Como consequência temos, de uma parte, a defesa da realidade do trauma, que desembocará em sua concepção de realismo do inconsciente, e, de outra, a ênfase no caráter exógeno do traumatismo.

Assim, podemos acompanhar a construção de um argumento metapsicológico que justifica uma certa leitura da psicopatologia. As respostas psíquicas a determinado evento (defesas diante de um traumatismo, por exemplo) sempre guardam relação com os momentos constitutivos do psiquismo e se enveredam para um lado ou outro a depender das vicissitudes dos elementos recebidos de um outro. Tais elementos, uma vez internalizados, podem ganhar autonomia frente ao eu (Ribeiro, 2018, p. 257).

É resgatando e fazendo trabalhar cada um dos "restos não digeridos" do abandono por Freud de sua Neurótica que Laplanche justifica o desenvolvimento da teoria da sedução generalizada, eixo de sua obra. Para o autor, ao justificar a Fliess o abandono remetendo-o ao insustentável aumento na incidência da perversão – seria preciso muitos pais perversos para tantas filhas histéricas –, Freud peca por não rever o tipo de realidade em questão na cena sedutora. No entanto, a sedução retorna anos depois quando, por exemplo, nos seus "Três ensaios sobre a teoria da sexualidade", Freud (1905/2016) descreve o encontro entre o bebê e sua mãe como um encontro sexual (segunda teoria da sedução ou teoria da sedução precoce), e novamente nesse trabalho derradeiro de 1940, como testemunhamos há pouco.

O adulto que se ocupa dos cuidados toma o bebê como substituto de seu objeto sexual, garantindo sua sobrevivência e introduzindo-o no universo libidinal. Temos nesse encontro um choque – ou, se preferirmos, uma confusão – de diferentes realidades. Do lado do adulto, há uma realidade contingencial parasitada por seu desejo, na qual a sexualidade é soberana, ou seja, há inconsciente sexual; do lado do bebê, uma realidade inelutável, um estado de dependência absoluta, de desajuda primordial, de desamparo.

O desenvolvimento teórico proposto por Laplanche nos avanços metapsicológicos que sua obra apresenta constrói-se em torno do tema que constituiu o outro feixe de questões com as quais atravessamos a obra freudiana, qual seja, o papel da sexualidade no que traumatiza e adoece nossos pacientes. E, para além disso, principalmente o papel da sexualidade na constituição do sujeito psicanalítico e seu inescapável aspecto traumático.

Temos aqui um ponto convergente nas obras de Ferenczi e Laplanche: para ambos, a assimetria ineludível entre a realidade da criança e a do adulto torna o início da vida humana potencialmente traumática. No entanto, se o trauma, para o francês, seria uma realidade inescapável, já que o choque do contato com a alteridade é inevitável, e o outro, no caso o adulto, é prevalente no processo de constituição psíquica, para o húngaro, o trauma só será efetivado caso os adultos falhem em seu empenho em adaptar-se à criança (Ferenczi, 1927/1992). Ao que nos parece, Ferenczi considerava possível uma chegada ao mundo sem choque traumático, desde que adultos atentos pudessem se adaptar devotamente às necessidades de sua criança e reconhecê-la como um ser com demandas específicas. De toda forma, a proximidade entre as pesquisas de ambos é inquestionável. Como corrobora Paulo de Carvalho Ribeiro (2018),

> *Ao afirmar que o trauma é produzido pela inoculação da sexualidade inconsciente do adulto no psiquismo em via de constituição, Laplanche se mantém fiel à teoria da sedução de Freud, mas, acima de tudo, se apropria da teoria ferencziana do trauma ligado ao confronto da criança com a sexualidade do adulto e a transforma. (p. 259)*

Ao recuperarem o traumático como eixo de seus trabalhos teóricos e clínicos, tanto Ferenczi quanto Laplanche acabaram se aproximando de fenômenos clínicos aos quais a psicanálise contemporânea se dedica intensamente. Estamos falando dos adoecimentos narcísico-identitários, dos casos chamados *borderlines*, daquilo que se convencionou chamar "o vasto campo da não neurose".

Da parte da produção de Sándor Ferenczi e dos que o seguiram, teremos o desenvolvimento da ideia de "mortes dentro" do psiquismo como efeito dos traumatismos precoces. Já em Jean Laplanche, o nome eleito para o fenômeno que nos parece similar será "enclave psicótico", o que se relaciona diretamente à sua proposta metapsicológica da existência de um inconsciente encravado (*enclavé* em francês). Ambas as ideias nos remetem aos "restos vivos" discutidos por Freud nos textos da década de 1930.

Uma vez bem trabalhada a fundação, consideramos ter alguma segurança para deixar apontada essa direção para a qual poderíamos seguir na edificação de nossa investigação acrescentando os andares referentes ao que dessa base se polemizou, divergiu-se, questionou-se por Sándor Ferenczi, Jean Laplanche e os inúmeros comentadores dessas duas vastas obras. No entanto, dados os limites desse trabalho, precisaremos interromper por aqui.

Ansiamos que este nosso caminho, de tornar próprias as excitações experimentadas no contato com as palavras de Freud, também possa comover outros interessados nessas temáticas e animá-los a se lançarem, assim como nós, no infinito de reverberações que a obra freudiana oferece. Esperamos ainda que tenhamos alcançado êxito em, ao conquistar novos territórios de saber, conjugar os trabalhos de morte e de vida, de investir no próprio e investir no outro – tão fundamentais à nossa existência compartilhada –, brindando com inspiração e interesse os que nos acompanharam até aqui.

Referências

Abraham, K. (1979). The experience of sexual trauma as a form of sexual activity. In K. Abraham, *Selected papers on psycho--analysis* (pp. 47-63). Maresfield Reprints. (Trabalho original publicado em 1907).

Baranger, M., Baranger, W., & Mom, J. M. (2009). The infantile psychic trauma from us to Freud: pure trauma, retroactivity and reconstruction. In M. Baranger & W. Baranger, *The work of Confluence: listening and Interpreting in the Psychoanalytic Field* (pp. 107-136). Karnac Books.

Breuer, J. (2016). Srta. Anna O. In S. Freud, *Estudos sobre a histeria (1893-1895)* (Obras Completas, Vol. 2, pp. 57-81). Companhia das Letras. (Trabalho original publicado em 1893).

Brunswick, R. M. (1971). A supplement to Freud's "History of an Infantile Neurosis". In M. Gardiner (Ed.), *The Wolf-Man by the Wolf-Man* (pp. 263-307). Basic Books. (Trabalho original publicado em 1928).

Chevret, B. (2021). The traumatic and the work of the après-coup in Freud's opus. *The International Journal of Psychoanalysis, 102*(4), 765-777. DOI: 10.1080/00207578.2021.1944485

Choay, F. (2014). *Alegoria do património*. Edições 70. (Trabalho original publicado em 1982).

Coelho Junior, N. E. (2018). A matriz ferencziana. In L. C. Figueiredo & N. E. Coelho Junior, *Adoecimentos psíquicos e estratégias de cura* (pp. 117-185). Blucher.

Couto, M. (2012). *Estórias abensonhadas*. Companhia das Letras. (Trabalho original publicado em 1994).

Dal Molin, E. C. (2016). *O terceiro tempo do trauma*. Perspectiva/Fapesp.

Ferenczi, S. (1992). O desenvolvimento do sentido de realidade e seus estágios. In S. Ferenczi, *Obras completas* (Psicanálise II, pp. 39-53). Martins Fontes. (Trabalho original publicado em 1913).

Ferenczi, S. (1992). A adaptação da família à criança. In S. Ferenczi, *Obras completas* (Psicanálise IV, pp. 1-16). Martins Fontes. (Trabalho original publicado em 1927).

Ferenczi, S. (1992). Análises de crianças com adultos. In S. Ferenczi, *Obras completas* (Psicanálise IV, pp. 79-96). Martins Fontes. (Trabalho original publicado em 1928).

Ferenczi, S. (1992). A criança mal-acolhida e sua pulsão de morte. In S. Ferenczi, *Obras completas* (Psicanálise IV, pp. 55-60). Martins Fontes. (Trabalho original publicado em 1929).

Ferenczi, S. (1990). *Diário clínico (1873-1933)*. Martins Fontes. (Trabalho original escrito em 1932 e publicado em 1969).

Figueiredo, L. C. (1999). *Palavras cruzadas entre Freud e Ferenczi*. Escuta.

Figueiredo, L. C., & Coelho Jr., N. E. (2018). *Adoecimentos psíquicos e estratégias de cura: matrizes e modelos em psicanálise*. Blucher.

Freud, S. (1987). *Neuroses de transferência: uma síntese (manuscrito recém-descoberto).* Imago. (Trabalho original publicado em 1915).

Freud, S. (1992). Las neuropsicosis de defensa (ensayo de una teoría psicológica de la histeria adquirida, de muchas fobias y representaciones obsesivas, y de ciertas psicosis alucinatorias. In S. Freud, *Primeras publicaciones psicoanalíticas (1893-1899)* (Obras Completas, Vol. 3, pp. 41-68). Amorrortu. (Trabalho original publicado em 1894).

Freud, S. (1992). Proyecto de psicología. In S. Freud, *Publicaciones prepsicoanalíticas y manuscritos inéditos en vida de Freud (1886-1899)* (Obras Completas, Vol. 1, pp. 323-446). Amorrortu. (Trabalho original publicado em 1895).

Freud, S. (1992). Nuevas puntualizaciones sobre las neuropsicosis de defensa. In S. Freud, *Primeras publicaciones psicoanalíticas (1893-1899)* (Obras Completas, Vol. 3, pp. 157-184). Amorrortu. (Trabalho original publicado em 1896a).

Freud, S. (1992). La etiología de la histeria. In S. Freud, *Primeras publicaciones psicoanalíticas (1893-1899)* (Obras Completas, Vol. 3, pp. 185-218). Amorrortu. (Trabalho original publicado em 1896b).

Freud, S. (2010). Formulações sobre os dois princípios do funcionamento psíquico. In S. Freud, *Observações psicanalíticas sobre um caso de paranoia relatado em autobiografia ["O caso Schereber"], Artigos sobre técnica e outros trabalhos (1911-1913)* (Obras Completas, Vol. 10, pp. 108-121). Companhia das Letras. (Trabalho original publicado em 1911).

Freud, S. (2010). A predisposição à neurose obsessiva. In S. Freud, *Observações psicanalíticas sobre um caso de paranoia relatado em autobiografia ["O caso Schereber"], Artigos sobre técnica e outros trabalhos (1911-1913)* (Obras Completas, Vol. 10, pp.

324-338). Companhia das Letras. (Trabalho original publicado em 1913).

Freud, S. (2010). Recordar, repetir e elaborar. In S. Freud, *Observações psicanalíticas sobre um caso de paranoia relatado em autobiografia ["O caso Schereber"], Artigos sobre técnica e outros trabalhos (1911-1913)* (Obras Completas, Vol. 10, pp. 193-209). Companhia das Letras. (Trabalho original publicado em 1914).

Freud, S. (2010). Conferência 18: A fixação no trauma, o Inconsciente. In S. Freud, *Conferências introdutórias à psicanálise (1916-1917)* (Obras Completas, Vol. 13, pp. 364-381). Companhia das Letras. (Trabalho original publicado em 1917a).

Freud, S. (2010). Conferência 28: A terapia analítica. In S. Freud, *Conferências introdutórias à psicanálise (1916-1917)* (Obras Completas, Vol. 13, pp. 593-613). Companhia das Letras. (Trabalho original publicado em 1917b).

Freud, S. (2010). História de uma neurose infantil (O Homem dos Lobos). In S. Freud, *História de uma neurose infantil ["O Homem dos Lobos"], Além do princípio do prazer e outros textos (1917-1920)* (Obras Completas, Vol. 14, pp. 13-160). Companhia das Letras. (Trabalho original publicado em 1918[1914]).

Freud, S. (2010). Batem numa criança: contribuição ao conhecimento da gênese das perversões sexuais. In S. Freud, *História de uma neurose infantil ["O Homem dos Lobos"], Além do Princípio do Prazer e outros textos (1917-1920)* (Obras Completas, Vol. 14, pp. 293-327). Companhia das Letras. (Trabalho original publicado em 1919).

Freud, S. (2011). O eu e o id. In S. Freud, *O eu e o id, "Autobiografia" e outros textos (1923-1925)* (Obras Completas, Vol. 16, pp. 13-74). Companhia das Letras. (Trabalho original publicado em 1923).

Freud, S. (2011). Notas sobre o "bloco mágico". In S. Freud, *O eu e o id, "Autobiografia" e outros textos (1923-1925)* (Obras Completas, Vol. 16, pp. 267-274). Companhia das Letras. (Trabalho original publicado em 1925a).

Freud, S. (2011). A negação. In S. Freud, *O eu e o id, "Autobiografia" e outros textos (1923-1925)* (Obras Completas, Vol. 16, pp. 275-282). Companhia das Letras. (Trabalho original publicado em 1925b).

Freud, S. (2014). Inibições, sintoma e angústia. In S. Freud, *Inibição, sintoma e angústia, O futuro de uma ilusão e outros textos (1926-1929)* (Obras Completas, Vol. 16, pp. 13-123). Companhia das Letras. (Trabalho original publicado em 1926).

Freud, S. (2016). Três ensaios sobre a teoria da sexualidade. In S. Freud, *Três ensaios sobre a teoria da sexualidade, Análise fragmentária de uma histeria ("O caso Dora") e outros textos* (Obras Completas, Vol. 6, pp. 13-172). Companhia das Letras. (Trabalho original publicado em 1905).

Freud, S. (2016). Meus pontos de vista sobre o papel da sexualidade na etiologia das neuroses. In S. Freud, *Três ensaios sobre a teoria da sexualidade, Análise fragmentária de uma histeria ("O caso Dora") e outros textos* (Obras Completas, Vol. 6, pp. 348-360). Companhia das Letras. (Trabalho original publicado em 1906).

Freud, S. (2018). Moisés e o monoteísmo. In S. Freud, *Moisés e o monoteísmo, Compêndio de psicanálise e outros textos (1937-1939)* (Obras Completas, Vol. 19, pp. 13-188). Companhia das Letras. (Trabalho original publicado em 1939).

Freud, S. (2018). A cisão do Eu no processo de defesa. In S. Freud, *Compêndio de psicanálise e outros escritos inacabados (1856-1939)* (Obras Incompletas de Sigmund Freud, Vol. 3, pp. 199-204). Autêntica. (Trabalho original publicado em 1940a).

Freud, S. (2018). Compêndio de psicanálise. In S. Freud, *Compêndio de psicanálise e outros escritos inacabados (1856-1939)* (Obras Incompletas de Sigmund Freud, Vol. 3, pp. 6-195). Autêntica. (Trabalho original publicado em 1940b).

Freud, S. (2020). *Além do princípio do prazer [Jenseits des Lustprinzips]* (Obras Incompletas de Sigmund Freud, Vol. 1). Autêntica. (Trabalho original publicado em 1920).

Freud, S. (2020). A análise finita e infinita. In S. Freud, *Fundamentos da clínica psicanalítica* (Obras Incompletas de Sigmund Freud, Vol. 6, 2a ed., pp. 315-364). Autêntica. (Trabalho original publicado em 1937a).

Freud, S. (2020). Construções na análise. In S. Freud, *Fundamentos da clínica psicanalítica* (Obras Incompletas de Sigmund Freud, Vol. 6, 2a ed., pp. 365-381). Autêntica. (Trabalho original publicado em 1937b).

Freud, S., & Abraham, K. (2006). *Correspondance complète 1907--1925*. Gallimard. (Trabalho original publicado em 1965).

Freud, S., & Breuer, J. (2016). Sobre o mecanismo psíquico dos fenômenos histéricos: comunicação preliminar. In S. Freud & J. Breuer, *Estudos sobre a histeria (1893-1895)* (Obras Completas, Vol. 2, pp. 18-38). Companhia das Letras. (Trabalho original publicado em 1893).

Freud, S., & Breuer, J. (2016). *Estudos sobre a histeria (1893-1895)* (Obras Completas, Vol. 2). Companhia das Letras. (Trabalho original publicado em 1893-1895).

Freud, S., & Breuer, J. (2016). Prefácio à segunda edição. In S. Freud, *Estudos sobre a histeria (1893-1895)* (Obras Completas, Vol. 2, pp. 16-17). Companhia das Letras. (Trabalho original publicado em 1908).

Green, A. (1983). *Narcissisme de vie et narcissisme de mort.* Les Editions de Minuit.

Green, A. (2002). Repetición, diferencia, replicación: una relectura de Más allá del principio de placer. In A. Green, *La diacronia en psicoanálisis* (pp. 97-152). Amorrortu. (Trabalho original publicado em 1970).

Grubrich-Simitis, I. (1987). Metapsicologia e metabiologia: para o rascunho de Sigmund Freud sobre "Neuroses de transferência: uma Síntese". In S. Freud, *Neuroses de transferência: uma síntese (manuscrito recém-descoberto)* (pp. 83-120). Imago. (Trabalho original publicado em 1985).

Grubrich-Simitis, I. (2001). *Freud: primeiros textos e texto da maturidade – Lendo Estudos sobre a histeria e Moisés e o monoteísmo sob nova ótica*. Imago.

Jones, E. (1979). *Vida e obra de Sigmund Freud* (3a ed.). Zahar. (Trabalho original publicado em 1961).

Kupermann, D. (2008). Presença sensível: a experiência da transferência em Freud, Ferenczi e Winnicott. *Jornal de Psicanálise, 41*(75), 75-96.

Kupermann, D. (2019). *Por que Ferenczi?* Zagodoni.

Laplanche, J. (1992). *Novos fundamentos para a psicanálise*. Martins Fontes. (Trabalho original publicado em 1987).

Laplanche, J. (2015). Três acepções da palavra "inconsciente" no âmbito da teoria da sedução generalizada. In J. Laplanche, *Sexual: a sexualidade ampliada no sentido freudiano 2000-2006* (pp. 190-206). Dublinense. (Trabalho original publicado em 2003).

Laplanche, J. (2015). Freud, do modo como vivo com ele. In J. Laplanche, *Sexual: a sexualidade ampliada no sentido freudiano 2000-2006* (pp. 254-258). Dublinense. (Trabalho original publicado em 2007).

Masson, J. M. (Ed.). (1986). *A correspondência completa de Sigmund Freud para Wilhelm Fliess (1887-1904)*. Imago.

Melo, M. T., & Ribeiro, P. de C. (2006). Modelos do trauma em Freud e suas repercussões na psicanálise pós-freudiana. *Revista Percurso*, *19*(37), pp. 33-44. https://percurso.openjournalsolutions.com.br/index.php/ojs/article/view/1024

Mezan, R. (1982). *Freud: a trama dos conceitos*. Perspectiva.

Monzani, L. R. (1989). *Freud: o movimento de um pensamento*. Unicamp.

Monzani, L. R. (1991). A fantasia freudiana. In B. Prado Jr. (Org.), *Filosofia da psicanálise* (pp. 73-107). Brasiliense.

Pontalis, J.-B. (2005). Sobre a dor (psíquica). In J.-B. Pontalis, *Entre o sonho e a dor* (Coleção Psicanálise Século I, pp. 264-278). Ideias & Letras. (Trabalho original publicado em 1977).

Potamianou, A. (2015). Amnemonic traces: Traumatic after-effects. *The International Journal of Psychoanalysis*, *96*(4), 945-966.

Ribeiro, P. C. (2018). O pensamento de Laplanche diante das matrizes freudo-kleiniana e ferencziana. In L. C. Figueiredo & N. E. Coelho Jr., *Adoecimentos psíquicos e estratégias de cura: matrizes e modelos em psicanálise* (pp. 253-286). Blucher.

Siqueira, T. (2019). Trabalhando o (não) enigma da psicose com Jean Laplanche. *Revista Constructo de Psicanálise*, *4*, 116-141.

Strachey, J. (1992). Nota do editor a "Nuevas puntualizaciones sobre las neuropsicosis de defensa" (1896). In S. Freud, *Primeras publicaciones psicoanalíticas (1893-1899)* (Obras Completas, Vol. III, pp. 159-162). Amorrortu. (Trabalho original publicado em 1962).

Strachey, J. (1996). Nota do editor a "A disposição à neurose obsessiva – uma contribuição ao problema da escolha da neurose" (1913). In S. Freud, *O Caso Schereber, Artigos sobre técnica e outros trabalhos (1911-1913)* (Edição standard brasileira das obras psicológicas completas de Sigmund Freud, Vol. XII, pp. 337-340). Imago. (Trabalho original publicado em 1969a).

Strachey, J. (1996). Nota do editor a "História de uma neurose infantil" (1918[1914]). In S. Freud, *Uma neurose infantil e outros trabalhos* (Edição standard brasileira das obras psicológicas completas de Sigmund Freud, Vol. XVII, pp. 15-18). Imago. (Trabalho original publicado em 1969b).

Uchitel, M. (2011). *Neurose traumática*. Casa do Psicólogo.

Weiss, H. (2021). The conceptualization of trauma in psychoanalysis: an introduction. *The International Journal of Psychoanalysis*, *102*(4), 755-764.

Série Psicanálise Contemporânea

Adoecimentos psíquicos e estratégias de cura: matrizes e modelos em psicanálise, de Luís Claudio Figueiredo e Nelson Ernesto Coelho Junior

O brincar na clínica psicanalítica de crianças com autismo, de Talita Arruda Tavares

Budapeste, Viena e Wiesbaden: o percurso do pensamento clínico--teórico de Sándor Ferenczi, de Gustavo Dean-Gomes

Chuva n'alma: A função vitalizadora do analista, de Fátima Flórido Cesar, Marina F. R. Ribeiro e Luís Claudio Figueiredo

A cientificidade da psicanálise: novos velhos horizontes, com organização de Vitor Carvalho e Marcelo Ferretti

Clínica da excitação: psicossomática e traumatismo, de Diana Tabacof

Corpo, sonho, palavra: ensaios psicanalíticos II, de Flávio Ferraz

Da excitação à pulsão, com organização de Cândida Sé Holovko e Eliana Rache

De Narciso a Sísifo: os sintomas compulsivos hoje, de Julio Verztman, Regina Herzog, Teresa Pinheiro

Depressão & doença nervosa moderna, 2. ed., de Maria Silvia Borghese

Do pensamento clínico ao paradigma contemporâneo: diálogos, de André Green e Fernando Urribarri

Do povo do nevoeiro: psicanálise dos casos difíceis, de Fátima Flórido Cesar

Em carne viva: abuso sexual de crianças e adolescentes, de Susana Toporosi

Escola, espaço de subjetivação: de Freud a Morin, de Esméria Rovai e Alcimar Lima

Escola e subjetivação: diferentes perspectivas, de Esméria Rovai e Alcimar Lima

A eternidade da maçã: Freud e a ética, 3. ed., de Flávio Ferraz

Expressão e linguagem: aspectos da teoria freudiana, de Janaina Namba

Fernando Pessoa e Freud: diálogos inquietantes, de Nelson da Silva Junior

Figuras do extremo, de Marta Rezende Cardoso, Mônica Kother Macedo, Silvia AbuJamra Zornig

O grão de areia no centro da pérola: sobre neuroses atuais, de Paulo Ritter e Flávio Ferraz

Heranças invisíveis do abandono afetivo: um estudo psicanalítico sobre as dimensões da experiência traumática, de Daniel Schor

Histórias recobridoras: quando o vivido não se transforma em experiência, de Tatiana Inglez-Mazzarella

Identificação: imanência de um conceito, de Ignácio A. Paim Filho, Raquel Moreno Garcia

A indisponibilidade sexual da mulher como queixa conjugal: a psicanálise de casal, o sexual e o intersubjetivo, de Sonia Thorstensen

Interculturalidade e vínculos familiares, de Lisette Weissmann

Janelas da psicanálise: transmissão, clínica, paternidade, mitos, arte, de Fernando Rocha

O lugar do gênero na psicanálise: metapsicologia, identidade, novas formas de subjetivação, de Felippe Lattanzio

Os lugares da psicanálise na clínica e na cultura, de Wilson Franco

Luto e trauma: testemunhar a perda, sonhar a morte, de Luciano Bregalanti

Matrizes da elaboração psíquica no pensamento psicanalítico: entre Freud e Ferenczi, de Thiago da Silva Abrantes

Metapsicologia dos limites, de Camila Junqueira

Os muitos nomes de Silvana: *contribuições clínico-políticas da psicanálise sobre mulheres negras*, de Ana Paula Musatti-Braga

Nem sapo, nem princesa: terror e fascínio pelo feminino, de Cassandra Pereira França

Neurose e não neurose, 2. ed., de Marion Minerbo

Pensar o sujeito, agir no mundo: diálogos com a obra de Jurandir Freire Costa, com organização de Francisco Ortega, Gabriela Bastos Soares, Jairo Gama e Bethania Assy

A perlaboração da contratransferência: a alucinação do psicanalista como recurso das construções em análise, de Lizana Dallazen

Psicanálise de casal e família: uma introdução, com organização de Rosely Pennacchi e Sonia Thorstensen

Psicanálise e ciência: um debate necessário, de Paulo Beer

Uma psicanálise errante: andanças cinemáticas e reflexões psicanalíticas, de Miriam Chnaiderman

Psicopatologia psicanalítica e subjetividade contemporânea, de Mario Pablo Fuks

Psicossomática e teoria do corpo, de Christophe Dejours

Razão onírica, razão lúdica: perspectivas do brincar em Freud, Klein e Winnicott, de Marília Velano

Relações de objeto, de Decio Gurfinkel

Ressonâncias da clínica e da cultura: ensaios psicanalíticos, de Silvia Leonor Alonso

Sabina Spielrein: uma pioneira da psicanálise – Obras Completas, volume 1, 2. ed., com organização, textos e notas de Renata Udler Cromberg

Sabina Spielrein: uma pioneira da psicanálise – Obras Completas, volume 2, com organização, textos e notas de Renata Udler Cromberg

O ser sexual e seus outros: gênero, autorização e nomeação em Lacan, de Pedro Ambra

Tempo e ato na perversão: ensaios psicanalíticos I, 3. ed., de Flávio Ferraz

O tempo e os medos: a parábola das estátuas pensantes, de Maria Silvia de Mesquita Bolguese

Tempos de encontro: escrita, escuta, psicanálise, de Rubens M. Volich

Transferência e contratransferência, 2. ed., de Marion Minerbo

Trauma: metapsicologia e clínica de Sigmund Freud, de Thais Siqueira

GRÁFICA PAYM
Tel. [11] 4392-3344
paym@graficapaym.com.br